高校体育教学新理念与方法研究

林勇 李慧 著

吉林出版集团股份有限公司
全国百佳图书出版单位

图书在版编目（CIP）数据

高校体育教学新理念与方法研究/林勇，李慧著.—长春：吉林出版集团股份有限公司，2023.5
ISBN 978-7-5731-3577-3

Ⅰ.①高… Ⅱ.①林…②李… Ⅲ.①体育教学—教学研究—高等学校 Ⅳ.①G807.4

中国国家版本馆 CIP 数据核字(2023)第 104736 号

高校体育教学新理念与方法研究
GAOXIAO TIYU JIAOXUE XIN LINIAN YU FANGFA YANJIU

著　　者	林　勇　李　慧
责任编辑	沈　航
封面设计	李　伟
开　　本	710mm×1000mm　　1/16
字　　数	186 千
印　　张	11.5
版　　次	2024 年 1 月第 1 版
印　　次	2024 年 1 月第 1 次印刷
印　　刷	天津和萱印刷有限公司

出　　版	吉林出版集团股份有限公司
发　　行	吉林出版集团股份有限公司
地　　址	吉林省长春市福祉大路 5788 号
邮　　编	130000
电　　话	0431-81629968
邮　　箱	11915286@qq.com
书　　号	ISBN 978-7-5731-3577-3
定　　价	69.00 元

版权所有　翻印必究

作者简介

林 勇 男，汉族，1982年2月生，山东省龙口市人，本科毕业于聊城大学，体育教育专业，青岛大学人口、资源与环境经济学硕士学位。现任教于烟台南山学院，讲师，研究方向为体育相关方向。参与课题3项，发表论文数篇，参与了相关专利的研究2项。指导学生参加各级、各类创新创业大赛，荣获山东省大学生医养健康大赛优秀指导教师奖。

李 慧 女，汉族，1982年1月生，山东省莱芜市人，毕业于聊城大学，本科学历，音乐学专业。现任教于烟台南山学院，副教授，烟台南山学院创新创业导师。主持山东省科技厅教育教学研究课题1项、山东省"传统文化与经济社会发展"课题1项，参与课题10余项，发表论文10余篇。

前　言

体育教学历史悠久，从古代开始就受到人们的重视。随着社会的发展，体育学科经历了一个不断充实和完善的过程。随着社会经济的快速发展以及高等学校教育事业的革故鼎新，世界各国体育教育事业也呈现出欣欣向荣的发展态势。我国高校旧有的教学理念和方法已经不能适应现有的高校办学规模和教育体制，体育教学改革迫在眉睫。

近年来，高校体育教学改革创新十分必要，在"体育强国""健康中国""全民健身"等体育目标与任务的促进下，在"以人为本""创新教育"等新的教学理念的指导下，面向新思想、新形势、新学生群体的体育教学要坚持改革和创新，重新定位和认识高校体育教学理念和方法，更加科学化地实现体育多元教育的功能。通过体育教学改革，提高学生的学习兴趣，使他们爱上体育，并养成终身锻炼的好习惯，只有提高学生的创造性思维，才能培养出适应现代社会发展的高素质人才。

本书对高校体育教学新理念进行了系统性研究，并对体育教学新方法进行了深入探讨，一共分为五章。第一章为绪论，主要介绍了三个方面的内容，依次是高校体育教学理念与方法、展望高校体育教学、高校体育教学理念与方法的创新。第二章为高校体育教学的新理念，主要介绍了五个方面的内容，依次是"以人为本"教育理念、"创新教育"教育理念、"素质教育"教育理念、"生态教育"教育理念、"寓乐于体"教育理念。第三章为高校体育教学的新方法，主要介绍了五个方面的内容，依次是"以人为本"的教学新方法、"创新教育"的教学新方法、

"素质教育"的教学新方法、"生态教育"的教学新方法、"寓乐于体"的教学新方法。第四章为高校体育教学的新载体,主要介绍了四个方面的内容,依次是多媒体技术的应用、微课教学法的应用、慕课教学法的应用、翻转课堂教学法的应用。第五章为高校体育教学中的户外运动,主要介绍了三个方面的内容,依次是高校户外运动课的组织与教学、徒步越野与野外生存、山地户外运动与冰水户外运动。

在撰写本书的过程中,作者得到了许多专家、学者的帮助与指导,参考了大量的学术文献,在此表示真挚的感谢。由于作者水平有限,书中难免会有疏漏之处,希望广大同行及时指正。

目 录

第一章 绪论 ··· 1
 第一节 高校体育教学理念与方法 ··· 3
 第二节 展望高校体育教学 ·· 22
 第三节 高校体育教学理念与方法的创新 ·· 30

第二章 高校体育教学的新理念 ·· 49
 第一节 "以人为本"教育理念 ·· 51
 第二节 "创新教育"教育理念 ·· 54
 第三节 "素质教育"教育理念 ·· 58
 第四节 "生态教育"教育理念 ·· 62
 第五节 "寓乐于体"教育理念 ·· 68

第三章 高校体育教学的新方法 ·· 77
 第一节 "以人为本"的教学新方法 ·· 79
 第二节 "创新教育"的教学新方法 ·· 87
 第三节 "素质教育"的教学新方法 ·· 95
 第四节 "生态教育"的教学新方法 ·· 98
 第五节 "寓乐于体"的教学新方法 ··· 105

第四章　高校体育教学的新载体 115
　　第一节　多媒体技术的应用 117
　　第二节　微课教学法的应用 127
　　第三节　慕课教学法的应用 133
　　第四节　翻转课堂教学法的应用 139

第五章　高校体育教学中的户外运动 143
　　第一节　高校户外运动课的组织与教学 145
　　第二节　徒步穿越与野外生存 155
　　第三节　山地户外运动与冰水户外运动 161

参考文献 171

第一章 绪论

本章着重研究高校体育教学的基础理论，主要内容包括高校体育教学理念与方法、展望高校体育教学、高校体育教学理念与方法的创新。对体育教学基础理论的研究有助于更好地指导高校体育教学实践。

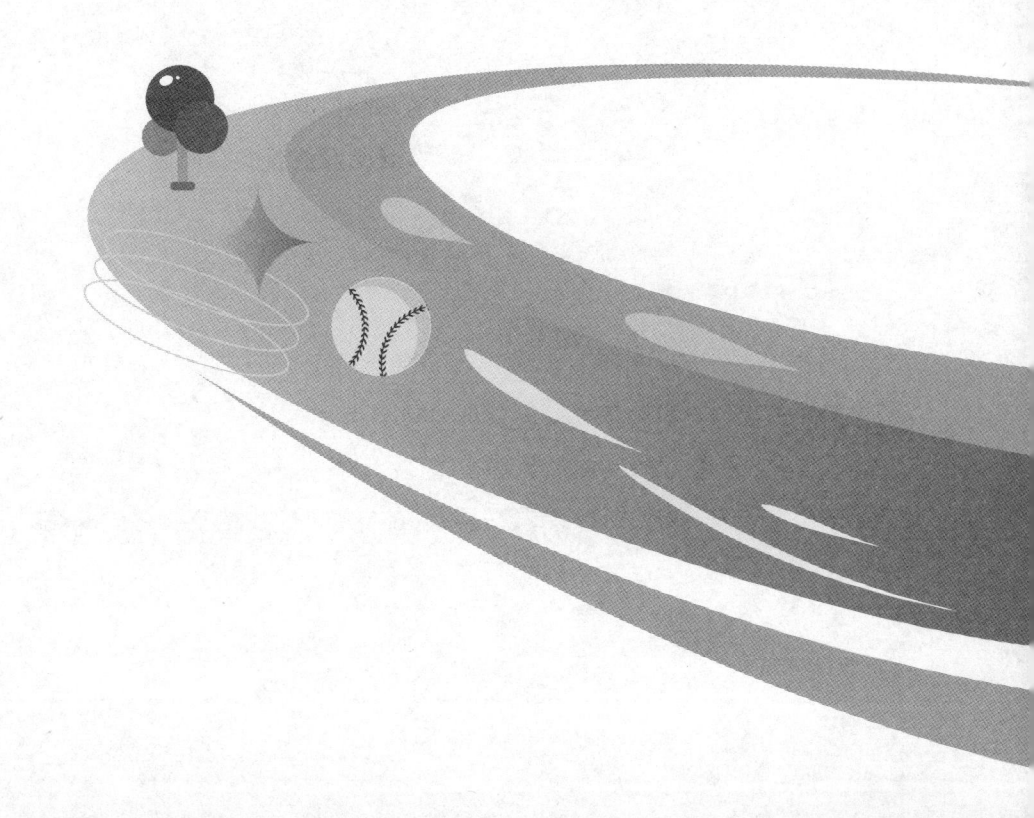

第一节 高校体育教学理念与方法

一、我国体育教学理念的发展

（一）我国近代体育教育理念的发展

1840年到1902年是我国近代体育思想的酝酿期，这时候体育课程还处于雏形。由于近代中国受列强侵略，长期处于半殖民地半封建社会，再加上资本主义国家对我国进行商品倾销，大量鸦片荼毒人民。处于这样特殊的背景下，很多中国人身体瘦弱，遭受外国人的轻视。为了重振民族旗鼓，一些有远见的知识分子纷纷开始新式教育运动，将体操这一运动引入我国，旨在达到"强国强种"的目的，引领我国体育教育的发展。

（二）我国现代体育教育理念的发展

这段时间，我国的体育教育理念主要借鉴资本主义国家锻炼身体、增强体质等观点，体育课程的目标主要在于传授运动技能。在五四运动和新文化运动的影响下，学校体育教育的相关理念开始得到发展，1922年，北洋政府规定壬戌学制，1923年，《新学制课程标准纲要》将"体操科"改名为"体育课"，教学内容也从兵式体操改为游戏、田径、球类和体操等综合教材。但是这个时期，体育教育的理念和课程目标仍处于相对匮乏的阶段，体育课仅仅是单纯地传授运动技能和锻炼身体。

（三）我国当代体育教育理念的发展

早在中华人民共和国成立之初，毛泽东就提出了学校教育要健康第一，学习第二的方针。几十年后，中共中央、国务院正式决定，学校教育要树立健康第一的思想，其中最直接地体现和贯彻这一指导思想的学科便是体育学科。

现阶段，我国体育教学思想呈现多元化局面，产生了越来越多的体育教学模式，而教学模式中蕴含着独特的体育理念。经过不断的发展，体育教育理念和体育课程标准也在完善和更新。由课程目标可以看出，课程标准十分重视学习，学生通过本课程的学习，不但要在体能、体育与健康知识和运动方面有所收获，更要使自己养成良好的体育锻炼习惯和健康的生活方式，并且具有积极进取、乐观开朗的生活态度，体育课程目标就是如何培养人的目标。

二、我国体育教学理念的转变与创新

我国的体育教育理念发展至今，发生过几次重大的变革。目前，较为典型的体育教育理念就是素质教育。体育教育理念的不断发展、更新，可以说是时代发展、社会进步的必然产物。

发展是在创新的推动下实现的。可以说，创新是一个国家发展的动力和源泉，对于体育教学的发展过程来说，也不能离开创新的作用，教学观念上的创新就是体育教育得以发展的先导。开展教育的根本目的就是学生个人实现自我的发展，在体育教育发展创新的过程中，最为重要的是提高教育的教学质量。在国家相关部门和教育领域专业的建议下，可持续发展观逐渐成为高校体育教育理念发展过程中最为重要的思想，为教育的改革奠定基础条件。[①]

（一）体育教育理念转变与创新具体实施

我国体育教育发展到现在，可以大致分为两个部分，即体育知识（技能）教育和体育文化（人文）教育。体育知识（技能）与体育文化（人文）存在着非常紧密的联系，具体来说，体育知识（技能）是体育文化（人文）的主要组成部分。

从现代体育教育理念中可以得知，在实际的体育学习和训练过程中，不仅要向学生传授专业的体育知识和技能，也需要在潜移默化中将体育文化与人文内容传递给学生，这样一来，学生不仅能够对体育运动的内涵产生深刻的了解，还能够在理解知识的基础上掌握知识的来源。学生在进行体育活动的过程中，能够对体育知识和文化产生深刻的认同感，达到提升学生学习自觉性的目的，也能促进学生产生对于体育文化知识的自觉和自信，从而将日常生活和体育运动、体育文化结合在一起，从而让体育文化成为生活中不可缺少的一部分，并真正成为一种常态化的学习。这样一来，体育教育的根本目的——"终身教育"才能够得到实现。

---

① 徐成波.新时期高校体育教育理念的更新与重构[J].文体用品与科技，2015（20）：121，123.

（二）体育教育理念创新的意义

体育教育领域理念的创新，实质上是指体育知识与技能教育向体育文化与人文教育的转化过程，从一定程度上来说，可以理解为对学生创新能力和实践能力的培养过程，不仅能够培养学生的综合素质，也能够实现学生的全面发展。所以，在构建学生学校体育教育理念的过程中，一定要跟随着时代的发展而调整，也要满足社会发展的需求。

体育知识与技能教育和体育文化与人文教育之间的关系较为简单，可以概括为部分与整体的关系。我们所说的具有一定创新能力的体育教育理念是从其他视角对体育进行理解，如"文化论"，从而展现出体育本身所具有的文化特征，也将体育的无限活力和强大的生命力彰显出来。

在现代社会中，体育教育理念的转变对社会发展的意义是重大的，具体体现在以下几个方面：

第一，让学生对体育文化的内涵与精髓有更加全面的认识。

第二，让学生在体育人文的本质与特性方面有更加深刻的理解。

第三，能够帮助学生更好地学习和掌握体育知识与技能，在此基础上实现体育文化精神的发展。

第四，能够树立起以人为本、以文化为核心的创新精神，这样能够更好地培养起新型的体育教育观念。

（三）体育教育理念的科学构建

1. 体育教育现代化的精英理念

作为学校体育教育的经典理念，精英理念有其特殊的优势所在，能够和体育教育的理念进行充分的融合。在社会现代化程度快速提升的背景下，学校体育教育理念也呈现出了一定的发展趋势，其中，价值观、质量观都在体育教育理念中有所体现。

（1）价值观

教育价值观适用于学校的教育评定，而且能够从内部对学校体育教育的内容进行评价。价值观并不是单独存在的，包括了教育的价值综合体、功能、目的等多种方面的内容。在现代化社会的发展基础之上，学校体育教育的精英理念和价值选择观念在一定程度上是相同的。科学发展和体育教育之间的良好关系，能够促进体育教育为科技发展起到的作用，同时，还要做好现代化体育人才的培养工作，对社会发展起到促进作用。

（2）质量观

质量观主要将学校体育教育理念的内涵体现了出来，同时，学校体育教育质量的提升也是在这一前提下实现的。教育的发展需要一定的质量保证作为前提和推动力，这也是教育工作者一直以来非常关注的主题。没有有效的质量观，教育的发展就无法实现。我国高校体育教育对人才培养质量是非常重视的，这要求将精英理念作为学校体育教育培养的主导理念，其所产生的实践意义是不可被替代的。

当前，高等教育已经进入了大众化阶段，所以在一定程度上对学校体育教育的发展产生了影响作用，扩大高等教育的规模已经成为一种必然的趋势，但是，在评价学校体育教育的质量时，我们也不能够单纯凭借规模的大小进行判定，而仍然应该以教育的质量为主，这才是决定性因素。

2. 构建个性化的体育人才教育理念

个性化的体育人才教育理念与学校体育教育理念之间有着密切联系，两者之间是相互影响、相互促进的关系。所以，具有个性化的体育人才教育理念能够推动学校教育理念的发展。

（1）个性发展与全面发展相互统一

个性教育是一种较为特殊的教育形式，个性教育之间存在的差异性并不是随机生成的，而是存在一个较为平衡的状态。这里我们需要明确两个基本的概念，那就是个别教育和个性教育并不是相同的。在教育的发展过程中，其社会属性已经被教育的社会化所固定下来，所以个性教育是以社会化为基础的个性化发展。在个性发展的过程中，需要具备社会性和趋同性两个基本的条件，这也为个性化教育理念的开展提供了一定的依据和支持。

（2）以人为本的个性化发展

学校体育教育的发展是从低层次逐渐向高层次过渡的，在过渡的过程之中，需要注意消除社会化的负面影响。教育在这时就肩负起了人才和社会发展的双重作用，并且要处理好过程中出现的问题。在构建学校体育教育理念时，要将价值伦理和道德规范作为学校体育教育个性化发展的内在因素。

（3）学校体育教育理念在网络环境下的个性化发展

在网络化社会环境的大背景下，学校体育教育的变革已经成为一种不可避免的趋势，这一变革不仅能够对人文交互的体育教育氛围产生影响，还体现了教育的特色，能够培养出具有独立人格和个性的学生。网络的快速发展能够促进学校体育个性化的发展。但是网络毕竟是一种虚拟的媒介，所以网络环境中的人文交互氛围存在一定程度的不足。在如今的学校体育教育中，网络化的趋势又是不可避免的，我们一定要确定符合时代发展背景的人文交互语境，构建起新型的学校体育教育理念，从而实现学校体育教育的现代化发展，使其完善程度逐渐提升。

（四）体育教育理念的发展趋向

体育教育理念的创新与发展并不是随意的，而是在一定发展趋向的导引下进行的，并且是在某些因素的带动下进行的，这种导向性作用至关重要。具体来说，体育教育理念创新与发展的趋向大致有以下几方面：

1. 趋于层次性和延续性

在时代和社会不断进步的背景下，教育改革的新机遇出现了。体育教育过程中需要的教育思想得到了新的发展，同时也产生了一些新的教育思想，这些思想会在不同程度上推动着体育教育的发展。这种推动作用表现为：能够为体育教学改革提供指引，能够在体育教学改革进程中起到推动作用，还能够提升体育教学的质量。

在体育教育的实际过程中，不同年级的学生在年龄上存在着区别，需要根据学校中学生的实际情况来做好加强体育教学的系统性工作，但从当前体育教育指导思想在实际教学过程的运用方面，体育教育思想的系统性、连贯性是较为欠缺的，这就在一定程度上制约甚至阻碍了学校体育教育的改革发展。鉴于此，应该逐渐建立以不同年龄段学生的特点为依据来构建体育教育理念的意识，将体育教育思想与理念的层次性充分结合起来，从而准确把握体育教育目标与方向，进一步优化体育教育改革进程，并且使体育教育质量得到有效提升。

2. 趋于"人文体育观"

在当前，体育教学理念已经形成了"三维体育观"，其中涉及生物、心理、社会等因素，同时，体育教育的健身、竞技、娱乐、文化和社会等多元功能与价值也已经在原先的基础上有了进一步的拓展和充实。体育教学目标的多元化特点更加显著，功能方向的明确性也更理想，再加上国外各种先进思想的传入，我国的体育教学理念与思想体系更加丰富和完善。未来，学校体育教育会更加重视学生的全面发展，以"人文体育观"为核心的教学理念在体育教育中的作用将得到更高的重视。

3. 趋于综合化

综合化，实际上即为"健康第一""终身体育""素质教育"这些方面的综合。素质教育内涵丰富，不同的教育理念都有各自的"合理内核"，但在体育教育过程中，任何时候都要将"健康第一""终身体育"放在首要位置，这两个教育观念的地位是不可轻易动摇的。只有充分认识到这点，素质教育改革的深化才能得到保证。

在体育教育过程中，要为素质教育潮流的发展创造有利条件，确立"健康第一""终身体育"与素质教育相结合的综合化体育教育理念，有效推动体育教育的可持续发展。

三、体育教学方法概述

在体育教学中，常常需要用到具体的体育教学方法。体育教学方法也是体育教学研究的中心环节，是衡量体育教学质量的标尺。另外，学生是体育教学的主体，每一位学生的特征和认知能力都存在差异，所以我们需要从学生的实际情况和社会的实际需求出发，使用具有一定针对性的教学方法，从而提升教学的实际质量。

（一）教学方法和体育教学方法的相关概念

总而言之，教学方法是一种教学过程中使用的方式和手段，最终的目的是实现教学的目标、完成教学任务。教学方法包括两个方面：教师的教法和学生的学法，是讲授与学习的结合。因此，需要教师根据教学的内容、学生的特点、学生的接受能力和学习方法等进行教学方法的选择。不难看出，教学方法本身就是一个内容复杂的概念，有着不同的层次。

体育教学本身就是一种复杂的教学，对实践性的要求较高。因此，教学方法的概念对于教学理论中的各个概念而言，也是一个相对复杂的概念。从事学科教学方法的研究者和专家在研究过程中给予体育教学方法不同的解释，但是由于每一种解释的主观性较强，所以虽然关于体育教学方法的概念很多，却没有一个较为清晰的概念。

历年来，体育教学方法的研究者和专家对教学方法和体育教学方法的见解如下：

彭永渭认为："教学方法是教师和学生为完成教学任务、实现教学目的，采用的工作方式或手段。"①

李秉德认为："教学方法是为了完成教学任务而采取的办法，它包括教师教的方法和学生学的方法，是教师引导学生掌握知识和技能、获得身心发展而共同活动的方法。"②

樊临虎在《体育教学论》中指出："体育教学方法是指在体育教学过程中，由教师指导学生，为达到一定的教学目标而进行的一系列活动方式、途径和手段的总和。"③

张学忠在《学校体育教学论》中指出："体育教学方法是指在体育教学过程中，在一定的教学原则下，师生相互作用的，共同为实现体育教学目标，合理组合和运用体育场地、器材、手段的活动方式。它不但包括了师生在教学活动中内隐的思想、心理活动，还包括了器材的运用或演示和身体活动方式等。"

从上述各教学研究者和专家对教学方法和体育教学方法两种概念的解释中我们可以看出：关于两个概念的定义仍然相当模糊，体育教学方法不仅是一个复杂的概念，而且具有多层次性，研究者和专家对这两个概念的理解出现多样化的主要原因是，每个人观察的角度不同，对教学方法的用途和在教学中发挥作用的认识也就不同。这不但给教学方法的研究带来了阻碍，同时也给教学方法的选择造成了困难。

---

① 彭永渭. 学科教学论概论 [M]. 大连：大连出版社，1990.
② 李秉德. 李秉德教育文集 [M]. 南京：江苏教育出版社，2011.
③ 樊临虎. 体育教学论 [M]. 北京：人民体育出版社，2002.

（二）体育教学方法的构成要素

1. 目标

任何一种体育教学方法都力图对教师的教和学生的学产生最理想的效果，它的产生和使用都有明确的任务，为一定的目标服务，否则就不能称之为真正意义上的方法。如要展示动作技术的各个环节、方向、路线、步骤，一般会采用示范和演示等方法。

2. 沟通介质

体育教学方法的实施是为了学生更好、更快地掌握各种体育知识，教师是各种体育教学方法的管理者和执行者，它的教学成果最终是通过学生体现的。因此，体育教学方法也是教师与学生发生关系的介质。人与人之间的交流主要是用口头语言进行的，体育教学过程也是如此。体育教学方法除了直接使用话语外，还有大量肢体语言的运用。

3. 动作

因为体育教学是靠身体练习实现其目标的，所以需要大量的身体运动作为其主旨的体现和效果的表现形式，这也是它的显著特征。

4. 环境

任何一项运动技术的教与学都需要一定的环境支持，包括场地、器材、季节、气候等，离开了这些条件的保障，该项运动的技术动作就可能被改变，甚至不复存在。

（三）体育教学方法的特点

1. 身体运动是基本特征

体育教学和其他学科的教学存在着较大的差异，主要以进行身体练习为主，开展相关的学习和锻炼。身体运动不仅是身心特点综合表现的过程，也是体育教学具有的特别手段和方式。体育教学过程也是一个运动性的认知过程，能够将肢体运动和思维方式紧密结合，熟悉体育的技术和知识，促进运动能力的发展，从而培养积极正确的价值观、情感态度，这也是体育教学方法与其他教育活动所采用措施的本质区别。

2.运动效果的综合性

学生在开展身体练习的过程中，需要一定的体能作为基础。学生的练习不仅仅是一种肢体上的活动，学生的大脑和思维也能够在这个过程中得到一定的锻炼，从而实现全面发展，在这个过程中，不仅有运动技术的方法和途径，也会有相互之间的知识探讨和情感交流，这期间也使参与者获得思想道德、品质、审美能力上的提升。所以，体育教学方法的实施也是体力与智力、情感、品德活动相结合、相统一的过程。

3.对运动负荷有一定要求

各种形式的体育教学会对参与者形成一定的运动负荷，但是，也只有经过适当的负荷刺激锻炼，学生的体质和健康状况才能有所改善。学生在进行各种身体练习的过程中，体内的各个器官系统，如心血管系统、呼吸系统、神经系统、运动系统等都能够积极地参与到身体的运动过程中，身体内部需要承受一定的压力。身体运动方面的刺激不仅能够对学生学习知识和技能的效果产生一定的影响，还能够从更为直接的角度促进学生的健康。

（四）体育教学方法的发展情况

从体育教学的发展历程可以看出，体育教学方法是随着时代的发展而不断进步的。目前，体育教学方法的发展主要体现在以下四个方面：

1.科技进步促进了体育教学方法的发展

当前，随着计算机的应用和普及，一些体育动作的规范性不断加强，准确性也在不断提高，进行体育技术指导更加脱离时间和地点的限制，示范性动作的播放快慢也可以任意地调整。因此，体育教学的讲解、示范和展示都发生了质的变化，并促进了教学方法的发展，提高了科学性。

2.内容优化促进了体育教学方法的改进

教学内容和教学方法是相辅相成的，正确运用教学方法可以更好地实现教学内容的传递和接收，教学内容的优化使得教学方法能够进一步完善和改进。如今，随着人们生活水平的逐渐提高，体育教学也日益受到重视，一些全新的体育教学内容被引入体育教学，相应的教学方法也得到了开发和应用。比如，野外生存训练课程的引进，使得野外活动的组织和教学的方法得到了开发。由此不难看出，体育教学内容的不断创新，促进了体育教学方法的日益完善。

3. 理论充实促进了体育教学方法的完善

在近代体育教育的过程中，体育教学理论的内容逐渐确立。理论的基础性内容能够为体育教学的顺利进行提供保障，也是体育教学方法得以确立的根据。所以，体育教学理论的进展有利于促进体育教学方法的改善。因此，在面对多个教学项目时，采取的是"以不变应万变"的措施，但是不同的体育运动项目有着不同的技术要领。随着人们对体育教学方法理论研究的不断深入，类似于"领会式教学"的方法应运而生。

4. 学生群体变化促进了体育教学方法的改进

信息时代的到来，使学生群体的日常生活发生了显著的变化。例如，随着信息技术的发展，学生接受新知识和新事物的途径越来越广泛，随着电子产品的运用，学生的日常作息规律和生活习惯越来越不同，随着学生思维方式的成熟，他们认识事物和分析问题的程度越来越高。因此，信息化时代下，学生的个性化发展越来越明显，需要推陈出新，不断完善和改进体育教学方法。

（五）体育教学方法的发展趋势

相较其他学科而言，体育教学起步较晚、发展较慢，但是，随着人们认知水平的不断提高，对体育教学的重视程度日益深化，迄今为止，体育已经发展成为一个较为成熟的学科，其教学方法也随着学科的发展而不断完善，并逐渐呈现出了明显的发展趋势。具体来说，其发展趋势主要体现在以下三个方面：

1. 体育教学方法的现代化

随着科学技术的不断进步，体育教学方法不断完善和提高，其现代化也表现得越发明显。体育教学方法的现代化主要体现在体育教学的设备上。为了更直观地向学生展示体育运动的魅力，体育教师会将多媒体设备应用于体育课堂，借此开阔学生的视野，增长知识。随着计算机应用的普及，各种借助计算机完成的体育课件和体育活动，将学生对体育学习的感知提升到了新的空间。

2. 体育教学方法的心理学化

心理专家表示，任何一种形式的学习都伴随着心理变化的过程，而体育知识和技能的学习和获得更是一个复杂的心理变化过程。因此，在体育教学过程中，对体育教学方法影响较大的学科是学习心理学和体育心理学。为了能更好地开展体育教学与体育活动，体育心理学家和运动心理学家运用心理学的研究方法，对学生在运动、学习过程中的心理变化情况进行了探讨，并希望能够将研究得出的结果应用到体育教学方法的改革中。

3. 教学方法的个性化

在教学过程中，重视个性化是体育教学方法发展的一大进步。因为任何一种教学方法的实施对象都是学生，而学生由于成长环境、自身条件的不同，其接受能力和学习情况具有较大差异，加之不同学校的教学条件和教学进度也存在较大差距，因此体育教学有必要根据实际情况，针对学生的个性化和学校的差异性作出合理调整。现阶段，随着这一教学理念在体育教学中的不断扩散和应用，个性化、民主化的体育教学方法得到了进一步的发展。

四、体育教学的基本方法

（一）语言教学法

语言教学法即在教学活动中，教师对学生进行理论上的指导，从而实现教学任务中的教学效果。作为一名教师，能够正确、简明、形象地使用语言，对于学生的学习和教学工作任务的完成具有重要的意义。正确地使用语言，不但能够使学生更好地理解相应的学习目标和任务，还能够促进其对相应的知识和技能进行快速掌握。

因此，在体育教学过程中，教师应注重语言法的运用，注重语言的技巧。通常，学校体育教学中语言教学法的形式有讲解、口头汇报、口头评价、口令和指示等。

1. 讲解法

讲解法即教师将相应的动作要领、方法和规则要求等方面的知识向学生进行说明，其目的在于更好地指导学生开展对不同类型的运动技能的学习，并使学生深入掌握这些知识。讲解法是教师经常使用的一种教学方法，在运用时，应注重以下五个方面：

第一，要明确讲解的目的，根据教学的目标、教学内容和学生特点进行讲解。在讲解过程中，应对自身的语速、语气进行调节，并抓住教学内容的重点和难点，体现一定的目的性和针对性，这样才能够使学生明白哪些是重点和应该着重理解哪些方面。

第二，在进行讲解时，应注重其内容的正确性，不管是具体的工作原理，还是相关的基本知识，都应做到准确无误。另外，讲解的方式还应与学生的学习情况和学习能力相适应，便于学生接受相应的知识。

第三，为了更好地使学生理解相应的技术动作，讲解要生动形象、简明扼要。具体而言，在讲解过程中，应注重将新的技术动作和知识内容与学生已经熟悉的内容联系起来，使学生更好地理解相应的动作技术。另外，教学时间有限，学生的注意力集中程度也会随着学习时间的延长而有所下降。因此，应抓住重点，简明扼要地进行讲解。

第四，在内容讲解过程中，对于一些知识体系和动作技术，不能将其孤立起来，要注重启发学生的发散性思维和创造性思维，使学生能够触类旁通、举一反三，更好地理解相关的知识，达到学以致用的目的。

第五，在进行讲解时，还应注重讲解的时机和效果。在讲解相应的内容时，应选择合适的站立位置，确保每个学生都能够听到相应的内容。另外，给学生进行讲解时，应充分调动其好奇心和积极性。如此，才能取得更好的效果。

2. 口头汇报法

口头汇报法是教师了解教学效果的重要方法之一。这种方法要求学生根据教学需要，向教师表述学习心得、有关教学内容方式和疑难问题等相关方面的问题。通过学生的口头汇报，教师能够明确自身在教学过程中的不足，为提高和发展自身的教学水平提供相应的依据。对于学生而言，这种方式不仅能够培养其语言表达能力，还能够促进思考，加深其对教学内容的理解。因此，在教学过程中安排相应的口头汇报不仅有助于教师和学生素质的提高，对于教学质量的提升也有重要的促进作用。

3. 口头评价法

口头评价法也是一种重要的语言方法，对于学生的动作完成情况以及课堂表现给予相应的口头评价，能够更好地促进学生的学习。口头评价可分为两种：一种为积极的评价，另一种为消极的评价。积极的评价即是对学生的正面鼓励，能够在一定程度上激发学生的积极性，促进教学活动更好地开展；消极的评价则是否定性的评价，是指出学生的不足，明确其提高的方法和努力的方向，但用这种方式时应注意语气。

4. 口令和指示法

在体育教学过程中，需要借助多种口令和指示，如"立正""跑""转体"等。这些语言简短有力，能够很好地指导学生进行相应的技术动作的训练。需要注意的是，运用这些口令和指示时，应注意把握其时机和节奏，否则会造成学生动作不协调，甚至出错。另外，还应注重发音的洪亮有力，不仅要使学生清楚地听到，还应给学生以势在必行之感。

（二）直观教学法

直观教学法是体育教学中较为常用的一种教学方法。使用简单、直白的方式让人体的器官产生感知，从而达到体育教学的最终目的。经常使用的直观教学法有动作示范、条件诱导、多媒体技术、直观教具与模型演示等。在实践过程中，人们认识事物时都是从感觉器官的感知开始的。因此，直观教学法能够使学生更易于理解相应的教学内容。

1. 动作示范法

动作示范法指的是教师采取一些示范动作，使学生对技术动作的形象、结构和要领进行掌握的基本方法。在进行动作示范时，教师可以主动地示范，也可以让学生进行示范的动作。在采用动作示范方法时，应注重以下四个方面：

第一，在进行动作示范时，应具有一定的目的性。如果是为了使学生了解动作的基本形象，示范动作就可稍快；如果动作示范是为了使学生了解相应的动作结构，并引导学生进行学习，动作就应稍慢；如果是示范相应的重点和难点动作，就可多示范几次。

第二，示范动作一定要注重其正确性，避免对学生形成误导。在进行相应的讲解时，不仅要注重内容的正确性，还要体现出教学内容的特点，并与学生的学习能力相适应，提高学生的学习兴趣。

第三，进行动作示范时，应使全体学生都能够看到。因此，可使学生呈圆圈形站立，或是错位站立。

第四，在进行动作示范时，一般会配合相应的讲解方法，使学生更好地理解。可采用先示范后讲解、边示范边讲解和先讲解后示范等方式。

2. 条件诱导法

条件诱导法也是一种较为常用的教学方法，以某种条件为诱因，并与相应的动作建立联系，从而达到相应的教学目的。例如，通过相应的音乐伴奏和喊节拍的方式，形成一定的动作节奏感，通过简单的语言提示，使得学生的动作流畅进行。另外，也可设置相应的视觉标志，指示学生进行相应的动作方向和运动轨迹、幅度等方面的操作。

3. 多媒体技术法

多媒体技术法主要包括电影、幻灯片、录像等。在运用电影和电视、录像时，应注意播放内容要与体育教学目标相适应，并有机结合电影和电视、录像与讲解示范练习。

4. 直观教具与模型演示法

在体育教学过程中，一些高难度的动作可采用图表照片和模型等直观方法进行辅助教学。通过运用这些教学工具，能够使学生更加易于理解相应的技术结构和动作形象。另外，对于一些战术配合，也常采用模型演示的方式进行讲解。

（三）完整与分解教学法

1. 完整教学法

完整教学法是一种动作较为完整的教学方法，包括了动作的开始到结束。一般在技术动作的难度不是很高，或技术动作不可进行分解时会采用完整教学法进行教学。另外，在首次进行动作示范时，也会采用完整法来进行动作技术形象的示范。完整教学法的优点在于动作协调优美、结构简单、方向路线变化较小，各部分之间具有密切的联系；缺点在于，对一些复杂的动作而言，这种教学方法会为教学带来一定的困难。为了便于学生进行学习，促进教学活动更好地开展，应注重以下四个方面：

第一，在讲授一些简单和易于掌握的动作技术时，教师可以先进行完整的示范，然后再让学生将这一系列的动作完整地展现出来。

第二，有些技术动作无法分解，这时要采用完整教学法。需要注意的是，在采用这种方法时，要对其中的各项要素进行必要的分析，如动作的用力、动作转变的时机等。但是，不能拘泥于动作的细节，要从整体上进行把握，确保动作的完整性和流畅性。

第三，对于一些难度动作，可适当地降低其难度，或是徒手完成相应的动作，在此基础上逐渐增加难度。需要注意的是，降低难度时，不能使技术动作出现错误，这是基本要求。在教学过程中，也可适当降低一些器材的质量，以及高度、距离等标准。

第四，采用完整法进行教学时，可适当改变外部的环境条件，在外力条件的帮助下完成相应的完整动作。

2. 分解教学法

分解教学法即将完整的动作划分为几个部分，逐步使学生掌握完整的动作技术。这种方法适用于难度相对较高，并且动作可分解的运动项目。采用这种教学方法时，能够将复杂的动作分解为简单的动作，使技术难度降低，更加有利于学生的学习和掌握。

在运用分解法进行教学时，应注意以下三个方面：

第一，应仔细分析动作技术的特点，采用合理的方式对其进行分解，注重时间、空间等方面的有序性和统一性。

第二，将完整的技术动作分为多个环节时，应注重各个环节之间的联系，注重动作结构之间的联系。

第三，在熟练掌握各阶段的动作之后，要注重各个环节之间的动作衔接，要保证其过渡的流畅性，形成有机的整体。

（四）游戏与竞赛教学法

1. 游戏教学法

游戏教学法也是体育教学过程中较为常用的一种方法，是指教师组织学生通过做游戏的方式来完成相应的教学任务的方法。通过开展相应的游戏，使得学生之间开展竞争与合作，提升学生的思考和判断能力，促进教学质量的提升。游戏法具有一定的趣味性，能够提高学生参与的积极性，培养学生的学习兴趣，因此在体育教学中被广泛地运用。运用游戏法时，应注重以下三个方面：

第一，应根据教学目标和教学内容采取合适的游戏规则和游戏要求，确保游戏内容与教学内容相契合。

第二，采用游戏法时，学生需要遵守相应的规则。但是，应注重对学生的鼓励，以充分发挥其主动性和创造性。通过开展相应的游戏引发和启迪学生的思考。

第三，教师应做好相应的评判动作。要做到公正、客观，避免挫伤学生参与体育学习的积极性。

2.竞赛教学法

竞赛教学法也就是组织学生进行比赛的教学方法，能够快速地提升学生的技术水平，也能够对教学的成果进行检验。竞赛法能够将课本中的技术和动作转换为实践内容，使学生更好地掌握相应的技术动作。采用这种方法具有一定的竞争性和对抗性，学生需要承受较大的运动负荷。在开展竞赛的过程中，学生的应变能力能够得到培养及提升，同时也能培养学生的综合素质，如心理素质和意志品质等。

采用竞赛法时，应注重以下两个方面：

第一，开展竞赛时，应进行合理的组织，无论是个人赛还是小组之间的比赛，其实力都应相对较为均衡。

第二，开展相应的竞赛时，学生应熟练地掌握相应的技术动作，并在比赛中合理地运用。

（五）预防与纠错教学法

为了防止和纠正学生在练习过程中出现和可能出现的错误动作，教师在教学过程中经常采用预防与纠错教学法。在教学过程中，学生对于各种动作技术的掌握不标准和出错的状况是不可避免的，教师应正确对待，并注意进行有意识的引导和纠正。预防和纠错是相互联系的，预防的教学法中包含着一定程度的超前性。教师要能够提前发现学生可能会出现的错误，并对其出错的原因进行分析。纠错具有鲜明的针对性，即针对学生的错误动作采取相应的纠正措施，并分析出错的原因。预防与纠错的具体方法有以下四种：

1.语言表达法

为了使学生建立起正确的动作概念，应注重动作细节与要点描述的准确性，使学生能够明确理解各技术动作的标准和结构顺序。通过这种方式，使学生建立起正确的动作意识。

2.诱导练习法

为了使学生的动作准确无误，可采用诱导性的教学方法，使学生达到相应的教学要求。例如，学生在做肩肘倒立时，不能将腰腹部挺直，针对这种情况，可在垫子上方悬一吊球，让学生用脚尖触球，这样学生就可以挺直腰腹部了。

3. 限制练习法

在进行相应的动作练习时，设置一定的限制条件有助于错误动作的纠正。例如，在进行篮球投篮练习时，为了使学生的投篮动作更加协调、标准，可进行罚球线左右的投篮练习，使学生掌握正确的投篮方式。

4. 自我暗示法

自我暗示法是一种重要的方法，是指学生在进行相应的动作练习时，为了保证动作的准确性，在练习中有意识地暗示以达到某种要求的方法。例如，在进行篮球的投篮练习时，学生可暗示自己投篮时手指、手腕的动作要标准，使得自身的投篮动作准确无误；再如，在奔跑练习中要暗示自己注意后腿充分蹬地。

（六）体育教学的其他方法

除了上述的教学方法之外，在创新教学理念的影响下，一些其他教学类别的教学方式也逐渐被移植到体育教学之中，如自主学习法、合作学习法以及发现式教学法等。

1. 自主学习法

自主学习法是以学生为主体进行的，并需要教师发挥一定的辅助作用。学生可以从自身的学习情况和学习目标出发，选择相应的教学内容，并通过独立的分析、探索、实践、质疑、创造等方法来进行学习。自主学习能够充分发挥学生的主观能动性。

在体育教学中，自主学习法是一种"为了实现体育教学目标，学生在体育教师的指导下，依据自身的需要和条件制定目标、选择内容等学习步骤，完成学习目标的体育学习模式"。我们通常所说的"自主"，要满足创造性、能动性、独立性等特点，对学生学习的积极性有一定的促进作用，并且能够培养学生的自主学习能力，保证学生在学习过程中始终处于主动的学习地位，能够有效提升学生学习的效果。

在体育教学过程中，采用这种方法时应注意以下两方面：

第一，学生应根据自身的知识储备和能力水平，选择相应的目标和学习内容，并在教师的引导下进行。

第二，学生应根据自身情况，对照学习目标，积极进行自我调控，并及时改进教学方法和教学策略。

2. 合作学习法

合作学习法是一种"在教学过程中，对学生进行相应的分组，学生为了完成共同的学习任务，而有明确的责任分工的互助性学习形式"。各小组成员根据自身的特点承担相应的责任，彼此之间是相互依赖的关系，在相互协作中，完成相应的任务。在体育教学中，应用该方法应遵循以下六个步骤：

第一，在教师的引导下，学生结成相应的小组。

第二，全体成员在教师的指导下，根据教学内容确定相应的教学目标。

第三，确定各学习小组的研究课题，并对各小组成员之间的分工进行明确。

第四，小组成员合作学习，围绕相应的主题完成自身的任务，从而实现小组任务目标。

第五，各小组进行一定的学习和交流，分享相应的成果，并纠正自身的不足。

第六，对学习的过程进行评价，总结经验和得失，促进下次学习更好地开展。

3. 发现式教学法

发现式教学法是通过积极引导学生发挥自己的创造性思维，使学生在发现的过程中进行学习的一种教学方法。有学者将其定义为：从青少年学生的好奇、好动等心理特点出发，以发展学生的创造性思维为目标，以解决问题为中心，以机构化的教材为内容，使学生通过再发现进行学习的方法。

在实际的体育教学过程之中，我们可以从以下这三个方面的步骤对发现式教学法进行实践：首先，可以对相关的问题进行探析，或者为学生创设一个基本的学习环境和学习的情境，使得学生能够独立地面对学习中存在的困难，并在教师的指引下对问题进行探索；其次，在进行了相应的练习之后，学生对简单的动作和技术有了初步的了解；最后，在分组讨论之后，我们能够进行相关的假设，并进行相应的实践验证，并对提出的问题进行讨论，从而得到共同的结论。

采用发现式教学法时，应注意以下四个方面：

第一，教师要善于提出相应的问题和创设相关的情境，充分调动起学生学习的积极性，让学生对学习产生兴趣。

第二，教师提出的问题应适应学生的能力水平，使学生根据已有的知识和经验，并通过一定的探索得到相应的答案。

第三，教师要注重抓住教学的重点，引导学生对重点问题积极地思考，并找出解决问题的方法，启迪学生的创造性思维。

第四，采用这种方法时，应注重由浅入深、由抽象到具体，使得学习过程符合学生的认知规律。

第二节　展望高校体育教学

一、当前我国高校体育教学改革对策

（一）树立新的体育教学观

1. 树立体育教学开放意识

为了适应教育国际化的发展趋势，体育教育的工作者们应该从更为宏观的角度看待教育，将教育的发展前景放在国际和区域的发展范围之中，在宏观的发展范围中，应该加强对体育教学的关注，提升体育教学国家间的协作关系，不仅要积极实施"引进来"的战略，也要将发展的目光投向世界的教育领域，同时还可以汲取我国乒乓球、跳水、武术等在国际领域发展的经验，将我国体育教学推向世界教育的舞台。

2. 树立体育教学产业意识

体育教育工作者，应该从国际教育服务贸易的相关规定出发，结合体育产业的发展前景，对体育教学资源进行合理的规划和安排，不仅能够将体育教学的资源安排妥当，提升资源的利用效率，还能够利用市场的资金和资本，加强体育教学和企业的联合程度。在明确体育教学产业的政策、对民办高校的扶持政策之后，允许投资人从民办高校的收入中提取一部分资金，作为公益事业开展的资本，不仅能够明确国家对高校在利用土地、减免税收方面的优惠政策，还能够明确体育教学产业中的利益关系。

（二）建立合理的体育教学课程体系

首先，应该从学生个人的学习兴趣和社会的实际情况出发，将教学内容的重点放到羽毛球、排球、乒乓球、健美操等休闲性比较强的教学方面上，从而提升学生的学习兴趣；其次，应该建立起一个具有科学性的体育教学课程体系，在教授体育教学课程时，将素质教育和健康教育作为课程的基本要求，并将目前的课程体系分为四个部分，分别是竞技训练、技术技能、娱乐健身、基础理论，让学

生根据自己的个人情况和兴趣爱好自由地选择。这样不仅能够满足学生的学习需求，还能够培养学生正确的运动能力，从而满足终身体育的发展要求。

（三）以国际视野创新体育教学内容

体育教育工作者在制定专业内容和课程教材内容的时候，应该从国际性复合型人才的原则培养出发，要从人才标准向国家化发展的趋势、人才流动方向朝向全球化的趋势等角度考虑，展开课程教材的改革，全面构建以升学、应试为目的的课程体系，并在构建课程体系的过程中，注重培养学生的创新能力和实践能力，将"终身体育"作为根本任务，提升课程内容和教材的国际化水平。高等体育教学应该积极转变课程教学的观念，培养开放式的办学观念。开放式办学观念的主要内容是给予高校设置专业的资格。我国高等体育院校主要开设了五种专业，分别是人文社会专业、体育保健康复专业、民族传统体育专业、人体科学专业、体育教学专业。我国加入世界贸易组织之后，国内不同省份对人才的具体需求有所区别。在人才需求存在差异的情况下，高等院校应该具有更自由的专业设置权力，这样一来，高校院校的专业设置更能够符合市场发展的需要，从而保证高等体育院校专业可持续发展的能力。在满足社会发展需求的同时，改进完善当前高校体育教学课程设置的模式，破除高校体育专业设置中存在的壁垒，在一个主修专业的基础上，设置一个或几个选修的专业，形成固定的模式，并且还要加强文科和理科之间的融合发展，设置新的学科，使得学科的设置不仅符合本土化的要求，还符合国际化的发展趋势，从而培养出基础坚实、发展前景良好的体育专业人才。

（四）改善体育教学的物质条件

在投入大量的经费之后，体育教学的质量就有可能得到显著的提升，使高校培养出来的人才符合社会发展的需求，学生个人的发展需求也能够得到满足，所以，有关政府部门和办学单位应该更加重视改善体育教学的物质条件。

（五）用新方法深化办学体制改革

1. 利用产业化运作方式办学

在国家财政实现对体育教学投资的充分支持后，高校应该构建起以"政府投入为主，社会共同分担"为指导思想的多元投资体系，拓宽体育教学的投资渠道，吸收社会各界的资金，从而挖掘出多类型的投资来源。高校应促进办学主体的多样化发展模式，支持社会中的多种力量为学校提供发展支持。在进行了多种形式的办学实验之后，可以对高校转制试点工作进行实验，形成公办学校和民办学校协同发展的新局面，提升高校后勤社会化的水平，从而在根本上改变高校办学的体制，提升高校的办学成果转化效率。

2. 利用现代技术改造体育教学

高校要将现代信息技术融入传统体育教学的过程中，并将体育教学信息化改革列入高校改革的重点内容中。体育教学信息化建设还能够促进落后地区学校和非重点学校的均衡发展，从而帮助这些学校更好地积累发展的优势，实现巨大的进步。在高校推动计算机和网络知识普及的过程中，应该将现有的教育资源充分地利用起来，帮助高校开发出体育教学的专业软件，提升教学的实际成效，实现体育教学的信息化目标。

（六）加强体育科学管理水平

高校体育发展的质量和速度在很大程度上由管理水平的科学与否决定。我们应该不断提升体育的法治化水平和科学管理的水平，只有实现了依法治体，才能够保证高校持续健康地发展。我国的体育法规建设已经取得了成效，各个高校可以从自身的专业建设出发，制定出更为详细的法律法规，从而提升科学管理的水平，促进我国体育事业不断进步。

（七）加强师资队伍建设

教师素质的水平会影响到学生对专业知识的掌握程度，从而影响到学生个人的发展。提升师资队伍的建设水平，不仅能够完善体育教师的综合素质水平，还能够将素质教育落到实处。我国高校开展体育教学改革的根本目的就是提升师资队伍的水平，做好教学工作。高校体育教师应该严格要求自身，不断学习专业的理论知识和教学技术，从而提升教学能力。教师能力不仅包括训练能力、组织能力、教学能力，还包括科研能力、创造能力、审美能力等，这样才能更好地发挥体育教师在教学过程中的引导作用，从而促进我国高校体育教学的全面发展。

如今，人们更加了解体育教学的目标和具体任务，并将终身体育的指导思想贯穿于教学的整个过程。改革后的教学形式能够从根本上提升学生的情感，提高学生的自身素质，从而提升学生的创新精神和创新能力，提升学生的个性发展水平，构建起全新的体育教育思想体系，从而符合21世纪科学技术的快速发展需求，探索教学、科研、生产的融合发展。高校体育教学改革应该对传统体育教学的思想内容进行创新，从而让学生的发展更加符合社会的具体要求和发展需要，让高校体育教学能够从学生、社会的实际情况出发。

（八）加强对学生综合能力的培养

我国高校体育教学改革的重点内容为培养学生的"终身体育"思想，提升学生的综合素质。如果高校想转变高校体育教学的目标体系，就应及时创新传统的教学思想，构建"以人为本"的现代教育内容，并营造出轻松的教育环境，从而发展大学生的性格，提升大学生的综合能力，培养出符合时代发展要求的高素质人才。另外，还应该对学生的科研方法和实践内容加以系统地培训，做好毕业设计、毕业论文等基本的工作内容，提升学生的学术能力，帮助学生做好科研的理论准备。

（九）建立学生成绩动态评价体系

应该建立起学生体育课考试成绩的动态评价体系，在考试内容中加入体育锻炼的过程评价，采取技战术理论测试、比赛实践测试、体质测试、技能测试、技术等多种类型的测试。在评价的过程中，也可以采取教师评价、小组评价、学生互评、学生自评等综合评价方式，从而培养学生形成创新精神、开放性个性等。

（十）加强学生法制观念教育

在高校的学习阶段，除了讲授《公共法律基础》等基础的课程之外，还应该学习《学校体育工作条例》《体育法》等专门的法律法规知识，从而提升学生学习法律知识的认识水平。因为，在高校课程中，体育课是受伤概率较高的课程，除了可能出现的人为错误之外，体育课本身也存在一定的受伤概率。人的主观行为只能够把受伤的概率降到最低，但是无法完全消除运动受伤的可能。另外，学生也应该掌握一定的法律知识，为自己争取符合卫生要求的工作环境、体育工作所具有的福利、合理的劳动报酬等。

二、高校体育教学的前进方向

（一）以素质体育教育为指导

1. 素质体育教育的概念与内涵

素质教育思想经过不断地发展，衍生出众多分支，素质体育教育是其中现代教育理念视域下体育教学与训练体系优化的一个分支。素质体育教育所包含的内涵是非常丰富的，其中包括健康体育教育、终身体育的锻炼方式、所有学生的体质水平、参与体育锻炼的意识。所以，学校体育教育需要从全体学生的角度出发，向所有学生传授健康知识，从而让学生具备健康的人格、心理状态和身体，从而保证学生实现个人的全面发展。

2. 身心健康素质的应用

身心健康素质包含了身体健康素质和心理健康素质这两个方面。身心健康素质处于重要的基础性地位，其他素质的发展都要在这一物质基础上才能实现。身心健康素质具有非常重要的意义，这主要体现在发展智力、保持稳定和支持个体正常工作学习等各个方面。

身心健康素质主要包含以下几个方面：体态健康素质，体质健康素质，体能健康素质肌体器官的生理功能，人体对各种刺激的反射、适应和耐受能力等。

（二）以健康体育教育为基础

19世纪初，健康教育和学校健康教育的概念就被提出来了。全球健康是健康教育的最终目标，而要实现这一目标，就要借助于学校健康教育这一重要的途径。

青少年作为国家发展的重要后备人才，将肩负起日后国家各个方面的发展重任。因此，青少年的健康将会对未来世界产生重要影响。

联合国教育、科学及文化组织（简称"联合国教科文组织"）发表的《综合学校健康教育：行动指南》指出：接受健康教育是每位儿童、青年的基本权利，要提高他们的健康价值观和实践能力，推动全世界人民的健康水平。[①]学校健康教育的建设并不是一蹴而就的，而是需要经历一个漫长的建设过程，可以说，整个发展过程是从强调知识传播到强调行为培养逐渐转变为强调环境支持。

因此，要求突出"健康第一"的理念，注重体育与健康教育的结合，使学生懂得健康的意义，学会保健的方法，形成对体育的兴趣爱好。

（三）以创造体育教育和愉快体育教育为过程

1. 创造体育教育

（1）创造体育教育的产生

现代创造教育的产生与现代体育的发展是有着密切联系的。尽管创造教育很早就已经产生并发展，但是其所产生的影响力非常小，一直以来都没有引起人们的足够重视。近代的教育更倾向于传授教育，但其有较大的弊端，即浓厚的保守性。不管是人类的进步还是社会的发展，都对创造力有所依赖。因此，创造教育的产生便成为一种社会发展的必然。

（2）创造体育教育在学校体育教育中的开展

创造教育在不同的时期所展现出的魅力和发挥的作用是不同的。在素质教育实施的当前，创造教育的生命力也得到了进一步的转变和拓展，创造体育教育便是产物之一。创造体育教育能够使人的思维方法和思维素质发生相应的改变。在体育课堂教学中，要求体育教师具有创造精神，只有这样，学生创造意识的培养才有可能实现。创造性人才的培养与体育教师的创造精神和创造能力有着密切的联系。

2. 愉快体育教育

（1）愉快体育教育的提出与传入我国

20世纪70年代末，愉快体育这一体育思想在日本被提出。把运动作为体育追求的目的，使运动文化成为自己生活中不可缺少的一部分，直至终身。该理论成为当时愉快体育的宗旨。

虽然愉快体育传入我国的时间并不长，只有20几年的时间，但是其对广大体育教师和我国体育教学所产生的影响是不可忽视的，起到了积极的作用。

[①] 龚坚，张新. 体育教育学[M]. 重庆：西南大学出版社，2009.

（2）愉快体育教育在学校体育教育中的开展

愉快教育是素质教育的重要内容之一，这可以从素质教育的意义和内涵上得到体现。在愉快体育教育的具体实施过程中，为了取得理想的教育成效，下面几个要求要尽可能做到：

第一，要对学生在愉快体育教学过程中的主导地位加以尊重和重视。

第二，建立和谐的师生关系。

第三，追求学生个性的和谐发展。

第四，让学生理解体育教学活动本身是愉快的、有吸引力的。

第五，对学生进行思想品德教育和提高运动技能教育。

总之，教学过程的创造性具有非常重要的意义，这主要体现在丰富体育教学内容、开辟课外活动、激发学生的体育兴趣、培养学生的体育意识等方面，同时，在提高体育成绩方面所产生的作用也是非常显著的。

（四）以终身体育教育为目的

1. 终身体育教育的产生

20世纪60年代，"终身体育"思想在法国被提出，接着，又被进一步发展，并衍生出了"终身体育"是培养与发展学生从事体育活动的能力和自主进行学习的主导能力的观点，让学生掌握一门专业的技能，从而长期锻炼学生的身体，提高自己的身体素质和综合能力。由此可见，终身体育教育是通过身心的调节，达到人与自然的和谐、统一的。

2. 终身体育教育的内涵解析

终身体育，可以简单理解为：体育运动不应该成为人生某一阶段的内容，而应该是伴随人们终身的。更加具体地说，人们在自身的生活中，按照自己的兴趣、爱好，选择适合自己参加的运动项目去享受运动带来的乐趣，不断提高、完善自身锻炼方式，从锻炼中受益，并持之以恒地终身从事体育运动。

在学校体育教学过程中，要尽可能以愉快体育的方式进行身体锻炼，使之出现条件反射性的兴奋状态，这对于顺应终身体育的产生条件是有利的，并且是学生走向终身体育的起点或一个过程。

3. 终身体育教育的开展

许多受过体育教育的人，在体育理论方面是有一定知识储备的。只有熟练地掌握了这些知识，并能够灵活运用到生活实践中去，才算是成功的教育。终身体育教育能使受教育者达到最高层次。

以受教育者的程度为依据，可以将终身体育教育大致分为三个层次。

（1）初级阶段

能够学会某些运动的活动形式、技术。

（2）中级阶段

促进身体发展，将人的身心调适到良好状态。

（3）高级阶段

能够意识到自我对运动的需要，并形成良好的锻炼习惯，身心状态逐渐得到改善。一般地，达到第三阶段的体育教育，受教育者会对体育是生活不可缺少的部分有更加充分的了解和认识，能够通过自觉的运动达到身心统一的目的，并能够持之以恒。

第三节 高校体育教学理念与方法的创新

一、体育教学创新综述

（一）体育教学创新的必要性

从 20 世纪六七十年代开始，我国教育部等相关部门在全国范围内共进行了多次学生体质的数据监测。通过体质监测数据比较我们发现：尽管随着生活质量的提升，学生的身体营养、体脂比重等指标逐年上升，但是高等院校学生的身体质量在大幅度地下降。我国的大学生在身体力量、速度、耐力等身体素质方面的指标下降明显。全面发展学生身体运动能力是高校体育教学开展的最终目标，在开展高校体育教学的过程中，还需要帮助学生提高自身的体力，提升学生的基本素质。高等院校体育教学的最终目标是全面发展学生身体运动能力、提高学生自主锻炼身体的能力和提高学生自身身体素质，并为社会输送德、智、体、美、劳全面发展的人才。

（二）高校体育教学创新的内涵

体育是一种促进人们身心健康发展的、系统的、有组织的行为，改革创新是人们破除陈旧的模式，可以创立一种新的、与时代相适应的、与人的发展相适应的模式与规则。高校体育教学的改革就是要通过创造一种新的、更适合高校大学生发展的，并且跟得上时代步伐的新的教育教学方式。高校的体育改革如果想要成功，就要从教育的观念、教育的内容，以及教育的主、客体等方面进行一场深刻的教学改革与创新，以适应当前学生的发展和时代的变革。

（三）高校体育教学创新的目的

《中共中央关于教育体制改革的决定》指出，教育体制改革是为了提高民族的素质，培养人才。因此，我国近些年来在人才培养方面下足了功夫，尤其是在当下我国的物质不断丰富、社会经济不断发展的背景之下，我国对于人才培养方面有了很大的提升。与此同时，我国社会对于人才的要求也有了更高的提升，社会需要的是高素质人才，高素质人才就包含德、智、体的全面发展。因此，高校对于学生体育教育的思想发生了巨大的转变，从掌握一般的体育技能、体育技巧转变为要树立终身体育、健康体育的观念。在这些观念的引领与指导之下，我国高校开始致力于培养学生的创造力与竞争力等综合方面的能力，让学生不仅具有健康的体魄，还具有正确的价值观念与团队精神，更有崇高的理想，以适应快速发展的社会。

二、体育教学理念的创新与发展综述

（一）多元体育教育理念的存在与发展

在人类社会的发展过程中，随着认知的不断深入与发展，许多新的观点和理念不断提出，在包括体育在内的教育领域，教育理念与观点的发展也是如此。在体育教学的发展过程中，有多种体育教育理念出现过，这些体育教育理念之间既有相同之处，又有相互对立和矛盾的地方，但正是因为有这些争论与矛盾的存在，才使得体育教育理念能够不断发展、不断突破，并更具活力。

不同的体育教育理念提出的教育背景不同，具有不同的侧重点，关注不同的体育教育问题。在不同的体育教育理念同时存在的情况下，这些思想的代表者会相互指出对方的弱点和不足，并展示自己的优点与可取之处，这样这些理论就会相互借鉴与吸收对方的优点，并改善自己的弱点和不足，对于体育教学实践的全面完善具有重要指导作用。

现阶段，我国体育教育理念的改革与突破应建立在充分借鉴多元体育教育理念的基础之上，同时将不科学的、没有实际意义的理论淘汰掉，突出具有现实意义的思想理论，使这部分理论进一步发展壮大，以不断丰富当前适合我国高校体育教育国情的体育教育理念体系的完善。

（二）结合体育教育理念的趋势来推动其创新

一般来说，一个教育现象和问题出现之后，会引起相关学者的关注与研究，并据此提出一些观点与看法，最终形成一种新的观念。从这一思想发展规律可以充分认定，体育教育理念具有一定的滞后性。因此，要对社会的需求及时加以预测，以对高校体育教育理念进行改善。

随着我国高校体育教育改革的日益深入，越来越多的人逐渐认识到不能再单纯地将教育结果、知识传授看作教育的一切，不再单纯地对社会和集体进行高度关注，开始将关注焦点转移到"人"身上，提倡一种能够服务于人的全面发展的、有价值的教育理念，而且该思想应该关注社会中每个个体的发展。

现阶段，我国教学改革的重要方向之一，就是对人性化教育、人本化教育与教育的意义和价值方面的改革。"以人为本"教育理念不会将人分成不同的等级，不会歧视任何一个人，不会在培养人的过程中将人当成工具，对每个人都是尊重的，强调人的全面发展和自我实现，高度重视学生的自我体验。教育的过程是培养学生的社会性活动的过程，在这一过程中，人既是教育的出发点也是最终的归宿。如果教育缺少了对人的社会性的培养，就失去了其所具有的独立存在的价值和本质特征。

（三）结合体育教育理念发展的影响因素来促进其创新

体育教育理念在不同的时期会表现出不同的特点，这与人的认知和社会客观发展环境有关。确切地说，理念是一定历史时期的产物，不同的历史因素必然会对其产生、发展及变化造成影响。

体育的发展受到多方面因素的影响，在体育文化现象发展基础之上的体育理念也受到这些因素的影响。首先，体育受制于政治因素的影响。以竞技体育运动的发展为例，其作为塑造和再现民族形象的重要手段，能在很大程度上体现一个民族的威望，乃至一个国家的国际地位。其次，体育文化与社会经济的发展也具有密切的关系，并受社会经济发展的影响。最后，科学技术的发展也对体育的发展产生极为重要的影响。从某种意义上说，现代体育尤其是竞技体育运动的发展，已逐渐演变成为一场"科技战争"。体育运动发展过程中每一次新纪录的产生，都包含诸多的科技要素。

在政治、经济、科技对体育产生重要影响的大背景下，要充分利用其中的有利因素，同时将不利因素的影响降到最小，共同推动体育教育理念的发展。

（四）高校体育教学理念发展的影响因素

只有做好学校体育的教学工作，才能够实现国民体育的目标。《全民健身计划纲要》提出："要教育学生进行终身体育的教育，培养学生体育锻炼的意识、技能与习惯。"进入 21 世纪之后，学校体育教育具有了新的任务：提升学生的体质水平，提高学生的生活质量和身体机能；帮助运动员不断超越自我，提高比赛的成绩，从而培养出体育领域的骨干运动员；帮助学生形成终身体育的习惯，为终身体育打下可靠的基础。所以，我们也应该转变体育教学的相关理念，从终身体育观出发，逐渐提升对体育教育的认识水平，从过去单一的认识转变为多元的认知，由封闭地接受信息转变为主动地获取信息，达到由局部走向整体的目的。

1. 角色的转变

教师是素质教育得以顺利开展的关键因素。在普通的学科学习中，在学科内容不断更新和发展的基础上，学科教师要参与课程内容的培训，学习与教育相关的知识。比如，心理学、教育学、课程论、教学论等。

教师应掌握不同层面的基础知识，比如，自然和人文的知识，从而为教学奠定知识的基础，在课堂中灵活运用。

教师应掌握更多的环境科学、生命科学、信息科学等领域的知识，了解体育教育所具备的人文价值，从社会持续发展的角度解读体育知识，使学生认识到身体素质的发展是具备一定规律性的；提升外语能力、文字表达能力、人际交往能力，掌握一定的计算机知识。

教师要理解并掌握基础的学科专业知识，还要设计教学的相关内容，把握学生的思想情况和教学进程。

教师不仅要做好教育理论和思想的学习工作，还要积极主动地制定教学模式与教学方法、教学活动设计方案、教学策略等，从而掌握更多的教学科研技能。

教师应结合教学的实际情况开展教育研究，保证在每个学期都能够产出学术论文。教师需要脱离课本，对学生开展发自内心的心理辅导，从学生的实际感受出发，捕捉学生的具体感受，从而培养学生的个性和情操。

2. 器材的转变

在实际的体育教学过程之中，器材因素起到了很重要的作用，不仅能够影响到教学的实际效果，还会影响到学生能力的提高和技术水平的提高。如果变换器材的大小、高度、重量等，就会对教学效果产生较大的影响。如果在篮球的教学中，将篮球的体积缩小些，将篮圈的高度降低一些，学生就可以很轻松地实现扣篮的目标；如果我们将排球网的高度降低些，学生就能够快速掌握排球的运动技术、战术会更加丰富。学生不仅能够体验到技术带给自己的乐趣，还能够提升学生对篮球学习的积极性。如果教师在田径项目的考核中，能够使用技术评分和运动成绩相结合的课堂标准，那么学生在学习过程中的积极性就能够得到提升，不会一味地追求课堂成绩；如果教师在平时的铅球课堂教学中可以使用更为先进的技术动作，降低器械的重量，采用更为科学合理的技术评分考核，那么学生就会更加重视铅球的学习和练习，从而掌握更具有质量的动作，使得体育动作的技术更加先进、姿态更为优美，为从事比赛和训练打下坚实的基础。

（五）高校体育教学理念创新的三个层次

1. 高校体育教学的宏观理念

（1）快乐体育与健康第一

"快乐体育论把学校体育作为终身体育的一个阶段，把运动置于最终的目的，让人们从运动中体验快乐，并把它作为终生追求的目标。"北京师范大学博士生导师毛振明认为，快乐体育是"使学生根据自己的水平和能力进行自主的学习，充分理解运动和自己的关系，充分理解运动中内在的本质，体验体育中的乐趣，从而热爱运动，养成习惯以致终生"。可见，快乐体育所追求的是由学生自觉自愿地进行运动学习和身体锻炼的体育教学情境。

在国家提出"学校教育要树立健康第一的指导思想"之后，学校体育有了更广阔的发展空间，这本是学校体育开拓发展的重大机遇和良好条件，但部分教师教学指导思想混乱，把健康第一等同于快乐第一，使教学步入淡化体育课"三基"教学的误区。其实，实行快乐体育与贯彻健康第一，两者并不矛盾，而应坚持健康第一的指导思想，通过实施快乐体育促进学生健康成长，即现代体育教学应以促进学生身心发展和提高学生社会适应能力为目标，通过技能、认知、情感、行为等并进的课程结构，在教学过程中融入生理、心理、卫生保健、环境、社会、安全等诸多学科领域的有关知识，真正关注学生的健康意识、锻炼习惯和卫生习惯的养成，确保健康第一思想落到实处，使学生健康成长。

（2）终身体育与人的发展

终身体育指坚持体育锻炼和接受体育教育，是一种整体而长远的体育思想。显然，终身教育不仅包括人们接受的体育教育，也包括人们这一生所参加的体育活动和体育锻炼。这表明终身体育是一个集合概念。当今体育运动的种类层出不穷，为贯彻终身体育理念，学校体育教学阶段就要注重把学生培养成能在不同环境下具有创造性解决实际运动问题的一代新人。但在体育教学中，仍有部分教师还没有充分认识到培养学生创造能力的重要性，也没有认真挖掘教学中能促进学生创造能力发展的有利因素。体育教学是教师与学生共同参与的双边活动过程，在这一过程中，"教为主导，学为主体"。所以体育教学应该在教学内容和教学方法上进行创新，只有创新的教学，才能够提升学生的学习兴趣，只有学生具备了一定的运动兴趣，学生运动的积极性才能够得到提高。

（3）创意体育与观念转变

"智育工作要转变教育观念，改革人才培养模式，积极实行启发式和讨论式教学，激发学生独立思考和创新的意识。"实施创新教育的目的是培养创新型人才，创意体育是在这种背景下产生的。创意教学要求教师转变教育观念、提高认识，改变教学模式，真正落实"教为主导，学为主体"，从而提高学生的创新意识和创新能力。

2. 高校体育教学的中观理念

（1）尊重学生主体地位

教学作为人类自主建构的活动，其目的无外乎是对人的生命价值、劳动价值、能力价值的挖掘。受唯科学主义思潮的影响，体育教学长期以来把目光聚焦在学生的劳动价值与能力价值上，通过教学，使学生的技术与能力获得提升，从而忽视了他们的生命价值，使教学活动本末倒置。体育教学包括基本知识、基本技能的传授和体育精神的培养。知识技能中不存在对学生的终极关怀，它只是立身之术，而非立身之本。体育教学的过程是学生精神的成长过程，而非理性知识与技能的堆积。每一名体育教师都要心存这样的理念：创建学校的目的是将历史上人类的精神内涵转化为当下生机勃勃的精神，并通过这一种精神引导所有学生掌握知识和技术。

（2）关注学生个性发展

我们的教育要培养德、智、体、美、劳全面发展的人，全面发展的核心内容就是个性的全面发展。

个性实现全面发展的人是指在德、智、体、美、劳多个方面都能够获得全面、均衡发展的人才，这样的人才具备一定的性格和才能。为了符合社会发展的要求，我国正在大力推行素质教育的内容。我们要为学生提供充分发展的现实机遇，为学生提供选择的机会，让学生根据自己的实际情况，选择自己想要开展的运动项目，使得学生的个性充分地发展，每个学生都能够感受到学习的快乐。

（3）重视教学的内在价值

因为教学活动具有一定的特殊性，所以教学活动所具有的价值也能够和其他社会活动区别开，教学活动的内在价值具体包括教学活动中的价值、个体发展价值、教学的理想价值。教学也具有许多外在的价值，包括教学活动之外获得的价值、社会发展的整体价值、教学中存在的功利价值等。当然，我们所说的重视教学的内在价值，并不是指放弃教学的外在价值。如果仅仅强调内在价值，教学就不会获得更为充分地发展。在科学不断进步、信息交流飞速发展的社会背景下，知识的快速发展让人们进入了动态发展的社会，在这样的社会中，体育学科的任务得到了丰富和发展，学生个人也对体育学科的发展提出了更高的要求。如果体育教学仍然看重这些外在的价值，那么体育学科就无法获得充分的发展。事实证明，为了符合动态社会的要求，推动社会不断迈向新的发展，体育教学要从内在价值为根本出发点，按照教学的内在价值回应不同类型的社会需求。

3.高校体育教学的微观理念

（1）教学模式多样观

随着素质教育的快速发展，出现了越来越多的教学模式，这些教学模式能够突出学生的主体地位。比如，在教学目标的基础上，提出了"成功教学模式""体育健身教学模式""体质教学模式"等，在教学方法的构建上，提出了"发现式体育教学模式""问题式体育教学模式""启发式体育教学模式"等内容。这些模式能够从学生的需要和兴趣入手，发挥出学生的主体作用。

（2）教师素质复合观

现代化的体育教育将迎来两个主要的变化：第一，从群体的政治需要转向人类自身的具体需要；第二，从社会的强制性功能需求转变为个体健康幸福生活的需求。教育是面向未来的教育，教师需要不断提升自身的素质，改变过去比较保守的体育教育内容，积极投身于时代的改革之中，需要具备全面发展的潜力，不断提升对自我的认识，塑造自我的形象，需要具备主动开展科研的能力和意识，提升自己的职业素质能力。要想提升体育教师的全面素质，教师需要具备一定的学习能力。

（3）教学评价全面观

在教学评价的过程中，我们要重视下面的几点要求：学生是否掌握了课堂中的知识，学生在课堂中的表现情况如何，学生对理论知识和实践内容是否掌握得比较到位，学生能否在规定的时间内及时完成作业，学生能否积极参与课外活动。在具体的考核内容中，除了体育教师外，还可以由小组长、体育委员等成员建立起评价小组，对所有学生作出最终的评价，使得这一工作更加合理、公正、客观、民主，能够树立起良好的学习风气，促进学生实现全方位的发展。在行动之前，需要确立具体的思维模式。在高校体育的教学体系之中，不管是体育教学目标的制定，还是教学方法、教学内容的创新，都受到体育教学理念的影响。

（六）高校体育教师教学理念创新

1. 以促进学生全面发展为目标

在传统的教育观念里，教育是为了培养具有社会责任感、有能力、有知识的劳动者，这个观点是正确的，但是在实际的教育过程中，我们不能够单纯地考虑社会的价值取向，而忽视了教育对每个个体的具体作用，那么教育社会功能的发挥效果也会受到一定的影响。古人留下的"修身、齐家、治国、平天下"，这四个词语的顺序是具有层次的，包含了深刻的育人理念。如果一个人的内心不能够处于一个平和的状态，那么这个人的智慧和能力的进步也就无从谈起了，因为他不能够和他人友好地交流，为社会、为国家作出贡献的目的也就无从谈起了。仍在校园中接受教育的学生具有较强的可塑性，自我控制和自我教育的能力还没有完全形成，外部环境能够深刻地影响学生的个人发展，学校教育的内容和方法能够影响学生发展的质量和速度，成体系的教育能够促进学生的个人发展。

党的十六大报告中首次把"全民族的思想道德素质、科学文化素质和健康素质明显提高，形成比较完善的现代国民教育体系、科技和文化创新体系、全民健身和医疗卫生体系"的价值目标直接指向"促进人的全面发展"。所以，全民族整体素质的物质基础是健康素质，健康素质也是学生得以全面发展的基础和前提。

肩负着学生体质健康责任的学校体育工作者应该树立起"健康第一"的观念，提升学生体育活动改革的效果，加大体育课程建设的力度。教师需要从学生的体质健康入手，合理安排教学内容，重视学生身体负荷能力和身体素质的提高，提升学生的耐力水平。学生不仅能够在体育活动中享受自由和快乐，还能够接受"生存教育""磨难教育"的内容，从而提升学生的抗挫折能力，促进学生的身心健康发展。

2. 因地制宜地开展高校体育工作

我们以体育场地的器材设施为例，大中城市的学校操场大多修建了价值较高的塑胶场地，不仅有新建的体育馆，而且体育器材的设施也非常齐全，为高校体育的发展创造了完善的条件。

另外，我国不同地区学生的健康状况、体质水平、形态都有地区特点，而这些特点是由营养因素、风俗、气候、地域等多种因素所决定的。比如，我国体质健康监测结果显示：我国农村地区学生的整体健康水平仍然较低，农村学生的体质健康指标和城市学生相比，下降的幅度更大。

所以，体育教师应该正确地看待我国高校体育硬件建设存在的地区差异和学生健康水平不均衡的问题，应该根据本地区、本民族的地域风俗和习惯因地制宜地开展体育工作，在教学的过程中，应该结合高校的设备条件和学生的体质健康特点，这些是当代体育教师应该具备的基本理念。

3. 尊重学生的个体差异

人和人之间都会存在差异，有些差异是普遍存在的。教育是一种能够促进人类发展的社会活动，应该从理念上接受、尊重学生和学生之间存在的普遍差异，并对这些差异开展研究，在研究的基础上才能够做好个体化的教育，将每一个学生的潜能充分挖掘出来。现代化的教育不仅要重视学生之间的差异，还要在尊重差异的基础上挖掘学生的个人潜能。在教学过程中，教学评价是最为基本的一个环节。心理学方面的实验表明，学生的情感会因教师对学生学业成绩的评价变化而变化。如果学生的情感反应较为良好，那么情感反应就会促进学生成绩的提升，不良的情感反应则会让学生的智力活动和心理活动受挫，导致学习的困难。所以，我们要尊重学生的自主发展和个性差异，从而促进学生实现个人的全面发展。

《基础教育课程改革纲要》提出，学校和教师要构建起对学生发展的评价体系，但是不能够将学生的学业成绩作为唯一的评价标准，教师要从不同的角度发展学生的个人潜能，具体了解学生的发展需求，帮助学生认识自己，建立起发展的自信。教师应该将评价的教育功能最大化，促进学生在原有的基础上实现更好的发展。所以，教师应该对评价方法进行多样化处理，不能够将运动成绩作为单一的评价手段，改变过去那种只重视结果不重视过程的评价思路，开展积极、正面的评价，并且要注重评价过程的动态性，关注学生在学习过程中为了达到评价要求采取的方法，关注学生在学习和评价中学到了哪些知识，关注学生在评价过程中取得了哪些进步成果。教师要将过程性的评价方法作为发展的重点，要将学生的学习情况作为定性资料进行收集，使用质性评价方法，比如，收集学生的成长记录、学习日记、情境测验、行为观察等，综合考虑学生的身心发展情况，关注学生的学习，将形成性的评价与终结性的评价结合在一起，重视评价对学生学习的促进作用。

4. 面向全体学生的理念

教育是一种积极健康的活动，能够促进学生知识的增长，技能和身心健康的发展。

5. 培养学生的创新精神

在知识经济时代的背景下，一个国家的综合国力和发展前景是由创新知识和实践知识的具体能力所决定的。如果一个国家的创造力水平较高，国家就会取得较大的进步，所以国家非常重视培养创造性的技术人才。创造性人才不仅是社会发展的需要，也是促进国家快速发展的重要动力。创新精神和创新能力是创造性人才最大的特点。

大学是一个人学习知识的黄金时期，也是创新精神得以培养的关键时期，时代的发展需要借助创造性人才的力量，创造性人才的培养要借助教师的力量，而教师在培养高素质人才的过程中，则需要树立培养创新人才的观念。教师要将学生的创新和创新潜能充分利用起来，在方法上、内容上、形式上培养学生的能力。

6. 注意学生的可持续发展

在信息时代的背景下，知识正在不断更新，旧的知识逐渐被学校和教师所淘汰。现在，教育的重点转换为教会学生如何学习，让学生掌握科学的学习方法和路径，培养学生终身学习、自主学习的意识和能力，使学生能够主动学习、学会学习，更要让学生进行自我教育和可持续的发展，使得学生在离开校园之后，也能够进行自主学习。

高校体育教师应该从学生的个人发展角度出发，将教学目标与短期效益、长期效益相结合，帮助学生形成良好的体育运动习惯，锻炼学生的身体素质。

三、体育教学方法的创新与发展综述

（一）高校体育教学方法的发展特征

1. 科技进步促进了体育教学方法的创新

在体育教学中，科学技术的进步对教学方法的影响是深远的。随着互联网技术的快速发展，其在体育教学中迅速得到普及，使得体育教学中的动作示范更加标准、科学，资料的收集、整合更加便捷，并且学生在学习空间和时间方面的限制减弱，实现了实时的信息沟通。通过运用互联网进行动作示范，能够从不同的侧面，以不同的速度，对不同部位的动作进行细致的分析和研究，使得传统的讲解示范等方法更加科学、高效。

2. 体育教学内容的变革促进了教学方法的变革

为了适应时代的发展，满足学生的体育需求，体育教学的内容处于不断地发展和变革之中，这也导致了体育教学方法的变革。例如，随着定向运动和野外生存运动被引入体育教学之中，体育教学活动的野外组织和教学方法得到了更加广泛的发展。

3. 体育教学理论的发展促进了教学方法的完善

体育教学理论的发展能够促进体育教学方法的改革和创新。在最新体育教学理论的指导下，体育教学方法逐步实现了发展和创新。

4. 学生的个性发展促进了体育教学方法的改进

在不同的时代环境下，学生会表现出不同的特征，同时，学生的个性特点具有变动性。因此，为了更好地促进体育教学目标的实现，促进体育教学效果的提高，应根据学生的具体情况，采用不同的体育教学方法。学生各方面的变化主要体现在以下几个方面：

第一，随着接受知识的增多，学生的认识能力逐渐增强。

第二，随着时间的变化，学生的身体逐渐发育、发展。

第三，伴随着学生知识和阅历的丰富，其个性越来越强，并且形成了相应的价值观念。除此之外，社会的文化价值观念也会对学生产生较为显著的影响。体育教学的方法应随着学生各方面的变化进行适当的调整。

（二）高校体育教学方法的发展趋势

现代体育教学经过多年的发展，不仅已发展成为一个较为成熟的学科，同时也发展成为具有自身特色的教法体系。其发展趋势主要体现在以下几方面：

1. 现代化趋势

在教学方法的现代化过程中，体育教学的现代化十分明显。体育教学的重要表现之一是教学设备的现代化，通过采用先进的技术手段，使得教师能够更容易地开展教学活动，学生能够更好地学习。通过先进的现代化设备，教师能够对学生的身体状况产生更加深刻的了解，并能够更好地制定运动训练的负荷量。在教学管理方面，能够为学生的学习和生活提供更加便捷的服务。随着现代社会的发展，体育教学的各项技术逐渐发展，其教学方法也必然呈现出现代化的发展趋势。

2. 个性化与民主化趋势

在教学活动多样化的背景下，社会更加重视学生个性的完善，体育教学方法的发展也必然呈现个性化发展趋势。个性化的教学方法改革和创新对于学生和社会的发展均具有重要的意义。与此同时，民主化也是体育教学的大势所趋。随着教学过程中民主意识的崛起，民主化的体育教学方法也逐渐得到快速的发展。

3. 心理学化趋势

心理学认为，学习是一个复杂的心理过程。在体育教学过程中，学生学习既涉及相应知识的记忆，也涉及动作技术的记忆。随着心理学研究的发展，学习过程的各个方面被人们所认识，并且在具体教学实践过程中，心理学的相关理论逐渐受到重视。在体育教学方法的发展过程中，很多心理学的研究成果将会进一步得到应用，这对于体育教学效果的提高具有重要的意义。另外，体育教学还肩负着培养和发展学生良好意志品质、促进学生心理健康等重要责任，通过运用相应的心理学方面的方法，能够更好地达成这方面的目的。

（三）改革高校体育教学方法的对策

1. 避免教学方法一成不变

教师要防止体育教学方法单一化，主动实现教学方法的新颖性、实用性以及可操作性，并有效激励和鼓舞学生对学习的好奇心和兴趣，从而将学生学习的注意力集中起来。将学生的兴趣爱好与其密切结合，主动创新并选择出能够对学生发展产生积极影响的体育教学方法，尽可能为学生提供一个良好的学习环境和学习氛围，持续不断地激发学生的学习兴趣，使体育教学活动的整体质量和效果得到质的提高，推动学生养成独立思考、独立分析、积极实践的良好习惯，从根本上使学生实现全面健康发展。

2. 积极培养学生的创新意识

推动高校体育教学方法创新的重要策略是主动培养学生的创新性意识。

第一，要认真创新思想认识，密切结合娱乐体育与健身体育，这不仅是推动高校体育教育思想观念得以转变的重要体现，同时也是现阶段高校体育教学的根本任务。

第二，要不断创新体育教学内容，教师在选择体育教学内容时要选择有利于学生实现全面健康发展和激发学生学习兴趣的内容，只有这样才能使得教学内容枯燥乏味的问题得到根本性解决。

第三，要不断创新教学方法，教师要与学生的实际需求有机结合，采用启发式的教学方法来引导学生积极思考、独立解决问题，从而将学生的学习主动性充分调动起来。高校体育教师可以运用发现式教学方法来培养学生发现、思考以及分析问题的能力，还可以运用学导教学方法，使得学生积极参与到教学活动中，提升学生学习的自觉性，使得学生养成自我锻炼以及终身锻炼的良好行为习惯。

3. 促使学生实现全面健康发展

目前，高校将学生的全面综合发展作为体育教学方法开展的前提和基础，所以高校的体育教师要尽全力推动学生全面健康发展，保障学生在体育教学活动中受到启发和鼓舞。体育教师在开展体育教学活动的过程中，要从学生的实际情况出发，为学生发展寻找适宜的发展方向，真正使每位学生都能够有收获和成长。

针对以上要求，高校体育教师要将学生的实际情况作为立足点，从学生今后的发展出发，为学生的后续发展提供基础和保障。在选择体育教学方法时，体育教师要将学生的未来发展作为教学重点之一，将知识与娱乐、审美、劳动等方面结合在一起，将学校中的理论知识与生活实践紧密地结合在一起，将课外教育和课内教育紧密地结合在一起，推动学生在多个方面实现和谐统一，实现使学生全面健康发展的最终目标。

4. 重点强调教学活动的有机统一

将各项教学活动统一起来是创新高校体育教学方法的重要前提和基础。从根本上说，体育教学活动是一种互动性较强的活动。如果只有教师参与到体育教学中，学生的积极性较低，不能将这一教学活动称为完整意义上的体育教学活动。反过来说，只有学生参与却没有教师参与的体育教学活动，其教学效果同样十分有限。体育教学活动要想取得理想的教学效果，则要求体育教师认真选择和处理课堂内容与方式方法、手段、教学内容、教材、学生之间的关系。

我们知道，如果体育教学活动取得了良好的实践效果，教师一定在课堂之外付出了巨大的努力。教师需要处理好方式方法、教学内容、教材之间的联系，尤其是在创新教学方法的过程中，教师要从学生的实际需要考虑。所以，教师和学生要共同参与到体育教学的活动之中，实现教与学的协调和统一。

总的说来，创新体育教育不仅是一个高校的教育政策措施，也是一个高校体育教学方法得以创新的内在条件。在社会发展速度不断加快的今天，学生对体育教学的需求也随之产生了很大变化。现阶段，信息技术的大范围使用在为教师提供更多教学方法的同时，也为学生学习体育知识提供了更加广阔的平台，延伸和拓宽了高校体育教学活动，并将其具备的功能很好地应用到体育教学活动中。因此，体育教师要将教学实际作为重要依据，使用研究和创新的手段，采用符合社会发展趋势的教学方法，为学生营造一个积极向上的学习环境，使学生的学习需求得到充分满足。

（四）教学方法创新之现代教育技术

随着现代科学技术的不断发展，一些创新型的教育技术随之出现，并得到了充分的发展。以下是对现代体育教育技术的研究：

1. 现代教育技术概述

教育技术是关于学习过程与学习资源的设计、开发、利用、管理和评价的理论与实践。学者们将教育技术的发展分为三个阶段：第一阶段为传统技术阶段，其技术为用简单的语言、文字、黑板、粉笔等；第二阶段为媒体技术阶段，其技术有摄影、无线电、电视、语言实验室等；第三阶段则是信息技术阶段，采用了多媒体技术，以计算机、网络通信技术为重要基础。

（1）现代教育技术的特征

现代教育技术的基本特征表现为以下四个方面：

①现代教育技术以现代媒体为基础

现代教育技术对教学活动产生着重要的影响，其中现代媒体技术发挥着越来越重要的作用。如果没有现代媒体技术的参与，现代教育技术就无从谈起。随着现代体育教学技术的不断发展，新的教学技术正在不断冲击着传统的教学方式，教与学的各个环节也在新技术的参与下发生着质的变化。

②现代教育技术是一种系统技术

在现代教育过程中，可能会出现各种各样的问题，教师需要使用成体系的方法解决这些问题。现代教学教育的科学理论基础以系统论为主，这也反映了教学方法的系统程度。在整个教育系统中，现代体育教学技术起到了重要的作用，在教育系统不同方面的配合和协作下，提升了教育系统的整体性功能和作用。所以我们说，现代教育技术是一种成体系的技术，这一技术综合了多种现代化的多媒体技术，同时也能够和其他教育系统一起，实现系统的运作和协调配合。

③现代教育技术具有"实践精神"特性

现代教育技术和传统教育技术具有较大的差别，现代教育技术的实践精神较为浓厚，传统教育技术经验性较强。现代教育技术较为看重教学的理性和科学性，使得这一教育技术能够为教育工作者所用。在科技不断发展的今天，教育技术具备更为显著的可操作性、可度量性、可复制性。

④现代教育技术的目标是实现教学最优化

现代教育技术的应用范围更加广泛了，所有教育技术的使用目的都是促进教学目标的实现。现代教育技术作为一个综合的体系，在一定程度上能够优化教育的资源，影响教学过程中的决策、控制和设计环节。

（2）现代教育技术的作用

①激发学生对体育学习的兴趣

教育心理学的相关研究表明，认识的兴趣是学习动机中最活跃和最现实的因素内容。人们如果在感兴趣的状态下学习知识，那么知识掌握得就能够更加的牢固。现代信息技术为学生的学习带来了便利，在体育教学的过程中，教师要善于利用现代信息技术的课件内容辅助教学的开展。现代信息技术的使用能为学生带来新鲜感和刺激感，帮助学生产生对新知识的好奇心理，也就是促进学生对知识的好奇。比如，教师在向学生教授篮球的基础动作时，可以积极使用现代信息技术，使得学生快速掌握篮球的移动路线、动作方法、动作要点等，从而让学生掌握更加全面的基础知识，快速地掌握篮球方面的技术。

②加快学生学习速度，提高学习效率

在过去的体育与健康知识的教学过程中，仅仅使用语言描述的方法说明抽象的理论知识，即使采用了一些直观的展示手段，如模型、挂图等，看起来也比较呆板。但是现代化的信息技术课件可以利用三维、二维等空间的设计，对教学的难点进行分析，降低知识的难度，使得过去不能够直观看到的生理形象以一种简单和直观的方式展现在学生面前，提升学生学习的效果。例如，在前滚翻知识的教学过程中使用教学课件，将前滚翻的动作慢放，让学生认识到错误动作出现的过程和原因，从而能够更好地避免这些问题，对教学起到积极的作用。

③帮助学生建立清晰的动作表象

在形成技能的过程中，学生需要借助清楚的动作表象。动作表象来源于教师的课堂教学，在教师的演示、示范、讲解中完善。在体育活动中，很多动作是无法用语言表达出来的，尤其是身体在空中的一些技术细节，讲解的难度较大。如果不能够示范到位，展现出来的效果也就不能够使学生理解动作。但是现代信息技术课件能够很好地解决这一问题，帮助学生理解动作的要领，形成规范化的认识，记住动作的表象，并在大脑中形成清晰的动作认知。比如，在鱼跃前滚翻的实际教学中，教师需要注意这个动作有一个具体的腾空过程，但是教师的示范是一种较为连贯的技术动作，不能够让学生完全理解空中的动作要领。对于刚开始接触鱼跃前滚翻的学生来说，这样的示范不能够让学生很快地掌握动作技巧。但是在现代信息技术课件的帮助下，学生能够自由掌控动作的速度，从而建立起对动作的整体认知。实践表明，使用信息技术课件能够激发学生学习动作的兴趣，提升学生的学习效率。

④有助于学生建立正确的动作概念，统一规范技术动作

体育教材的内容涉及游泳、足球、排球、篮球、韵律体操与舞蹈、民族传统体育、体操、田径等，教材种类多样，出现了许多新教材、新规则、新内容，对体育教师的授课提出了新要求。体育教学的目的之一，就是让学生掌握一定的运动技能，并能够在学习技能的基础上，掌握并创造新的运动技能。教师如果想要做好教学的工作，就要先行为学生作出标准的示范，帮助学生确立正确的技术动作理念，所以教师的教学内容和教学的实际需要产生了一定的矛盾。利用好现代教育技术，可以帮助教师更好地开展教学，从而解决这一矛盾。教师可以利用现代化的媒体，将世界上先进的技术作用介绍给学生，帮助学生树立完整、正确的动作技术内容，从而规范地掌握技术动作。

⑤加强学生的健康教育

在体育教学中，教学的主要任务是让学生掌握体育锻炼的具体方法、提升学生进行体育锻炼的意识和习惯，为学生的终身体育习惯打下坚实的基础。所以在实际的学校体育教学中，教师不仅要教授给学生专业的运动知识，还要让学生掌握体育健身的原理，学会如何健身。如何提升学生的知识储备量成为课堂中需要解决的问题，互联网中的海量知识为学生知识储备的提高奠定了基础。教师可以在日常的授课过程中，向学生提出问题，让学生通过网络获得答案，也能够让学生就体育锻炼的相关问题自主寻找解决方法，在寻找答案的过程中，对学生开展健康教育，培养学生的自主学习能力。

⑥促进现代体育教学的管理

很多高校每年都要举办一次校级运动会，校运会的准备工作和编排工作是十分复杂的，为体育教师的工作带来了极大的负担。如果利用计算机开展运动会的编排，就可以减轻体育教师的负担。在每一年度中，教师都要对期末考试成绩、体育达标成绩进行统计和换算。ACCESS数据库是体育教师建立学校体育教学系统的有力工具，这一系统中包括体育器材管理、运动队管理、体育课成绩管理、学生体育达标、教师备课系统、教研组管理等多个方面的内容。如果想要查询学生的体育成绩，只需要输入体育单项的成绩，与这一成绩相对应的平均分、达标程度、总分、分数就能够自动生成，极大地减轻了教师的负担。

2. 正确认识现代教育技术

（1）正确看待技术的作用

在人们的社会实践过程中，科技极大地促进了社会的发展。虽然科技为教育提供了极大方便，但是不能将技术的作用极端化。技术作为现代社会的重要推动力，对人类社会文明的发展和进步起到了重要的推动作用。但是，技术只是作为一种文化、精神和文明等方面的载体而存在的，物质技术并不能替代这些。教师只有具备较高的素养，才能够借助相应的教学技术来提高体育教学效果。所以"人—机"关系永远不能代替"人—人"关系。

（2）不能否定体育教学技术的作用

虽然教学技术得到了快速的普及和发展，但是也有很多人对此持有怀疑和否定的态度，更有甚者，片面夸大了其负面的影响。有的教师认为，相应的教学技术会隔绝教师与学生之间的关系，认为教学技术的发展会对学生的社会群体性产生一定的消极影响。教师既应认识到教学技术对教学活动的促进作用，同时也应认识到相应技术的缺点和不足，最大限度地发挥教学技术在体育教育中的作用。

3. 具体的实践和运用现代教育技术

随着现代社会及体育教学的不断发展，教学技术更新的速度也在不断加快。对于教师个体而言，其个人能力相对较为有限，应对学生多方面的需求则会表现出一定的不足。教师只有不断学习，并且在实际教学过程中实践和应用相应的先进技术，才能够满足学生的各项需求。为了更好地促进我国体育教育的现代化，我国应从具体国情出发，推行教学技术的创新，使得现代教育技术能够在实践中得到充分利用。

（1）根据学生实际情况合理进行教育技术的运用教学

教师应该从学生的心理特点和认知规律出发，为学生选择合适的教学内容，从而充分调动学生学习的积极性。教师要有目的地选择现代信息技术的内容，从而使得信息技术的使用能够符合教学目标和教学效果。教师除了需要认真研究现代信息技术的类型和具体使用方法之外，还需要提升自身的讲解水平。在科学技术水平不断提升、教育事业快速发展的背景下，知识更新的速度也越来越快，教师应该扩大自己的知识面，充分利用现代信息技术的作用，从而使整个教师群体的基本能力能够得到提升。

（2）把握教育技术教学与传统教学的授课比例

在具体的体育教学中，教师需要调整传统教学和现代信息技术教学在课堂中的使用比例，从而达到协调的关系。虽然现代信息技术教学的作用非常重要，但是体育教学具有一定的户外运动性，所以现代信息技术教学只能够起到辅助的作用。因为现代信息技术的教学平台是现代信息教学手段得以实现的基础，户外的体育课不能够充分利用现代信息教学的功能，所以虽然教育技术教学的作用是非常强大的，但是发挥空间仍有较大的限制。在安排教育技术教学内容时，比如，要从技能课和理论课的基本内容出发，注意课程内容的合理安排，不能够喧宾夺主。

（3）运用现代心理技术服务于体育课堂教学

现代信息技术能够显著提升教育教学的质量，并能够作为一种新颖的教学手段被教师使用。教师应该从具体的教学内容出发，组织不同种类的教学活动，要明确哪一部分的知识需要详细讲解，哪一部分的知识需要在黑板上写下来，哪一部分的知识需要展现在信息技术课件上，绝对不能够照"机"宣科。虽然教师在课堂上使用课件进行讲授看起来比较轻松，但是需要在课下做好充分的准备。体育教师不仅要对教育技术的内容有所熟悉，还要学会制作独立的课件。在充分了解教学课件功能的基础上，合理使用信息化课件。在多种教学媒体中，不管是现代的课件还是传统的课件，都具有相应的功能，这些课件也具有一定的局限性和适应性，只有将它们紧密地结合在一起，教学目的才能够得到充分的实现。在教育技术的帮助之下，教师的内容讲解更具直观性，更容易被学生理解和接受。广大教师也要加强和学生的互动，和学生建立良好的关系，便于学生的学习和个人成长。

第二章　高校体育教学的新理念

教育理念是学校开展教育工作的基本方向与准则，科学的教育理念为学校教育活动的开展提供了重要的思想支撑。随着历史的进步与教育的发展，教育理念与思想越来越丰富、多元和完善。顺应时代发展而形成的现代教育理念具有突出的时代性、先进性与科学性，其对教师的教育行为产生了非常重要的引导作用。本章主要阐述与剖析了现阶段在我国教育界影响广泛与深远的现代教育理念，包括"以人为本""创新教育""素质教育""生态教育""寓乐于体"五大理念。

第一节 "以人为本"教育理念

一、"以人为本"理念的界定

(一)"以人为本"的内涵

我国早在商周时期就意识到人民是整个国家的基础,并提出了民本思想,但当时这种"以人为本"的思想并没有形成系统化的理论体系。到了春秋时期,儒家倡导"仁者爱人"的思想,再到后来孟子的"以民为本"等思想,都与"以人为本"教学思想有着密切关系。毋庸置疑的是,我国古代传统的民本思想和现阶段的"以人为本"思想有着很多不同之处。

在西方,古希腊时期就出现了"以人为本"的理念与思想,而其正式形成则是在文艺复兴时期。19世纪初,哲学家费尔巴哈第一次提出了"人本主义"的口号。发展至今,很多人本主义哲学家选用非理性主义手段,使得人本主义体系更为完善。在人本主义思想的长期作用下,西方教学思想在教育观念、教育目标、教育内容、教育手段等方面都进行了大幅度调整,其对现代体育教学的发展起到了很大的推动作用。

截至目前,"以人为本"的体育教学思想已经演变成了中西方体育教学的关键性教学思想。我国现阶段"以人为本"思想得以建立的重要基础是马克思主义和与个体全面发展相关的理论,同时密切联系我国的具体情况,最终产生了科学、完善的教育价值取向。在体育教学中贯彻和落实"以人为本"的教学思想,不仅对我国落实科教兴国战略有着深远意义,还对我国实现民族的伟大复兴有着深远意义。

(二)"以人为本"教育的宗旨

"以人为本"的教育理念强调学生的主体地位和学习主动性的发挥,使学生在主动学习中体会学习过程的乐趣与取得良好学习成果的成就感。成功的学习体验会进一步激发学生学习的积极性,使学生自觉且乐观地投入到学习中,进一步发挥自己的主动性、创造性。

对学生来说，在学习中凭借自己努力取得好成绩而带来的成功体验是鼓励其继续进步的强大武器。成功的学习体验使学生的学习动机更加明朗、强烈，使学生的学习行为更加积极主动，也使学生的学习态度更端正、更有自信，这有助于培养学生的良好心理素质，健全学生的人格。为了能让不同层次与水平的学生都获得成功的学习体验，要求教师了解学生的个体差异，为不同层次的学生确定不同的学习目标和学习内容，并采取不同的方式来教育与指导学生。

有的学生体验过失败后就失去了学习的信心，学习态度沮丧、消极，对于这类学生，教师要适当降低教学难度和要求，帮助他们重拾自信，正确对待学习中的失败经历，带领他们重整旗鼓，端正学习态度，摒弃杂念，调整状态，努力取得成功。

二、"以人为本"教育理念的意义

（一）体育教学目标更明确

"以人为本"教育理念强调体育教学中社会本位目标与学生本位目标的统一。首先，社会本位要求将体育教学的价值主体确定为社会，旨在满足社会发展的需要；其次，学生本位要求在体育教学中以学生为价值主体，对学生个体的需要加以把握，以学生的兴趣、需要为出发点组织教学，使学生获得自由而全面的发展。"以人为本"教育理念要求有机统一社会本位目标与学生本位目标。具体来说，在体育教学中，不仅要注重社会价值目标，还要强调对学生学习动机和兴趣的培养，促进学生良好体育态度和习惯的形成，不仅要将学生学习期间应达成的短期目标重视起来，还应对终身锻炼的长远目标予以考虑，实现学生发展的长远功效与近期功效的有机结合，促进学生和社会的协调、可持续发展。

（二）体育课程内容更丰富

在"以人为本"教育理念指导下，现代体育教学内容越来越重视学生体育学习与参与兴趣的提高以及与学生日常生活的密切联系，越来越关注学生的多元化体育发展需求。在体育教学实践中，体育课程教学内容的选择日益丰富，教师在对传统体育教学大纲所规定的技能方面的教材予以考虑的同时，注重对学生体育兴趣进行全面的培养，引入对学生的人格发展有积极影响的教学内容。

（三）体育教学形式更多样

"以人为本"教育理念强调体育教学应以学生为本。由于学生之间存在着客观差异，因此要做到以每个学生为本，关注和促进每个学生的成长与发展，采取多样化的体育教学形式来满足不同学生的体育参与和学习需求，使每一个学生都能从情感上、行动上乐于进行体育学习。为了实现和达到这一教学目的和效果，就需要教师在体育教学中采取灵活多样的教学形式（如群体训练、小组合作、个人自觉练习等）来组织教学，使体育教学形式更加灵活，体育教学过程更加有趣，这样，学生不仅不会将体育学习看作一件很难的事情，还能在体育参与过程中充分展示自我，激发学生的体育学习与参与的积极性、主动性，并切实促进学生的进步与提高。

（四）师生关系更和谐

"以人为本"教育理念不仅强调学生在体育教学中的主体地位，还注重对良好师生关系的建立，这有助于体育教学过程的顺利进行。首先，教师应尊重学生的人格权益，对学生的独立性、个体性应予以重视。其次，教师应正视学生之间的差异性，在体育教学中既要关注优秀学生的学习，也要重视基础差、喜欢捣乱的学生，不能对这部分学生失去信心或放任不管。对于基础差、喜欢捣乱的学生，教师既要严格管理，也要适当宽容。如果只是为了严格而严格的话，学生就会产生畏惧或者抵抗心理，这不利于纠正学生的缺点，只有严而有度、严而有方、严而有情的严格才更能帮助学生进步。最后，教师应善于鼓励学生。教育鼓励是师生关系的润滑剂，适当的鼓励可以营造民主、和谐的教学氛围，可以促进融洽的师生关系的形成。在体育课堂教学中，教师要善于采用鼓励性的话语来激励学生、安抚学生，使学生在轻松自由的空间里和氛围中，积极地与教师、同学沟通和交流，从而获取更多的体育知识，获得更多的成功体验，并在这种体验中更加积极地配合教师完成学习任务。

第二节 "创新教育"教育理念

在不断发展的当今社会,学校要紧跟时代发展步伐,及时地、多元化地创新教学方法,让具体教学过程更具趣味性,从而提高课堂教学的整体效益。

一、"创新教育"理念的意义

(一)帮助进行课堂教学改革

随着教学模式的改革,如今各高校更注重启发性教育,以学生为教学全过程的主体,指导学生发散性地思考某个问题,对某些知识做独立论述。伴随着课堂教学改革,学生在学习的过程中,不只是知识的累积,还是一个探索某些未知领域的历程,需要课堂教学由封闭式逐步走向开放式,获取知识的渠道在逐步拓宽,鼓励学生探究知识,把创新理念和课堂教学密切结合起来,把创新教育理念贯穿于体育教学的始终,更为系统化、更全面地进行高校体育教学,从而培养大学生的创新素质与创新能力。教师需要重视对学生创造性思维和创造能力的训练与培养。此外,将创新理念贯穿于体育教学的整个过程,对大学生的观察力、发展想象力和思维能力发挥巨大的推动作用。

(二)提高学生思维能力

以创新教育理念为基础改革课堂教学,能有效促进学生创造性思维能力的提升,也能为学生提供适时放松、愉悦的学习环境,还能够有效地塑造学生的创新精神,使学生常具创造动力与创造激情。

就教学改革而言,推广创新教育能培养学生思维能力。创新教育对培养学生的思维能力具有有效的指导作用,并能为其提供充足的发展空间。大学生在创造性思维得到训练之后,会站在多个视角去审视问题,甚至能发掘出更多的解答思路。对高校体育教学进行改革,能够激发学生的创造思维,使学生思维活跃起来。同时也能够促进教师教学方式和教学内容的改变,提高教学质量和教学效果,增强学生学习兴趣,培养他们创新意识和实践能力。因此,高校体育教师要从体育教学方法入手,通过现代信息技术和教育技术,对教学过程作出相应改革。在此基础上,高校体育教师要改变教学理念、考核方式，使教学方式的建设和素质教育紧密连接，从而掌握学生基本情况，有针对性地给予学生相应训练，帮助学生提高各方面素质。

二、"创新教育"理念的内涵和构成

（一）"创新教育"理念的内涵

创新教育，尤其是围绕基础教育展开的创新教育，旨在发展学生的创新精神、提升学生的创新意识，进而使学生更具创新潜能、主体精神，还以全面发展人的个性作为教育目的，在素质教育中占据着重要位置。

创新教育可以有效提高学生的综合素质，也能够最大限度地促进教育的改革发展。创新教育理念主张创新教育理念，从学生的创新素质、创新人格、创新意识出发，客观、理性地判断教育的基本规律与实质特点，这也能彰显其本身的教育理念与创造性、根本性、时代性、简洁性、系统性等多种特征。

创新教育不仅涉及教育的目标问题、方法的改革和内容的调整，而且还系统地对教育进行改革，即进行教育创新，培养学生的创新素质。

（二）"创新教育"理念的构成

作为教育理念之一的创新教育，它的本质是发展人的创新素质，蕴含着创新意识和创新精神、创新思维和创新人格、创新能力和实践能力等层面。创新教育以提升创新意识与创新能力为核心内容，其基础是创新意识，提高的是创造能力。如图 2-2-1 所示，为创新教育的核心构成。

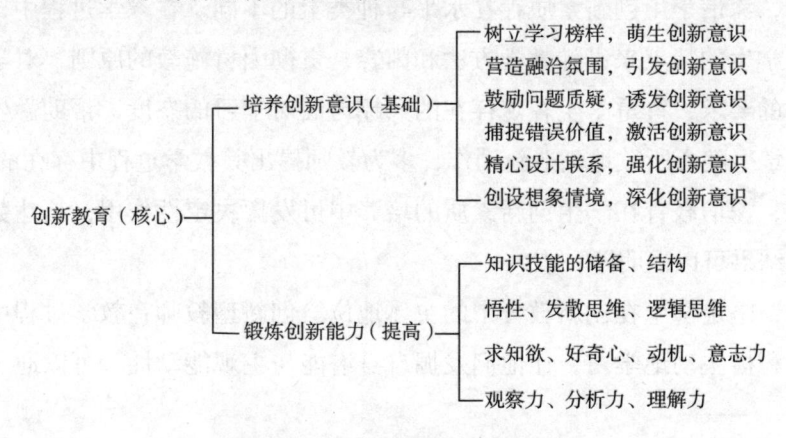

```
                              ┌─ 树立学习榜样，萌生创新意识
                              ├─ 营造融洽氛围，引发创新意识
               ┌─ 培养创新意识（基础）─┼─ 鼓励问题质疑，诱发创新意识
               │                  ├─ 捕捉错误价值，激活创新意识
               │                  ├─ 精心设计联系，强化创新意识
               │                  └─ 创设想象情境，深化创新意识
创新教育（核心）─┤
               │                  ┌─ 知识技能的储备、结构
               │                  ├─ 悟性、发散思维、逻辑思维
               └─ 锻炼创新能力（提高）─┼─ 求知欲、好奇心、动机、意志力
                                  └─ 观察力、分析力、理解力
```

图 2-2-1　创新教育的核心构成图

创新意识就是创新活动中所表现出来的一种内部心理倾向,具体表现在好奇心、求知欲、怀疑感和创新需求、思维独立等方面,是培养创新心理素质的先决条件。创新意识是一个人对新事物产生强烈而持久的探索欲、追求欲望,以及在这种探求欲、追求欲支配下所具有的一种特殊情感状态。其中蕴含着创新思维、创新个性、批判思维、求异思维等内容。创新意识是一个人在一定条件下产生并发展起来的对客观事物或社会现象所特有的认识能力。发展创新敏感度、营造创新张力是培养创新意识不可缺少的环节。

创新能力是指在创新活动过程中所达的能力水平,具体表现为创造性观察能力、思维能力与实践能力。它具有整体性、层次性和开放性特征,主要体现在知识储备量和知识结构上。

创新意识是形成创新能力的前提,可支配和强化创新能力;创新能力反过来又能增强创新意识。

三、"创新教育"理念的要求

(一)对体育教师的要求

对于体育教师而言,始终秉持创新教育理念是必要原则。

其一,深信每一个学生都具有创新潜能,每一个学生在接受适当的教育之后,都可以成长为具有一定创造才华的人才。教师应将注意力放在怎样训练、怎样发掘学生潜能上。

其二,深信学生创新素质存在水平与种类上的不同。在教学过程中,教师应根据每个学生的特点来设计教学方法和内容,贯彻因材施教的原则,对学生个体提出弹性的要求,尊重学生客观存在的兴趣与面对学习的态度,帮助学生发散思维,鼓励学生随心所欲地创造新动作,多为教师提出其教学过程中存在的疏漏。

其三,深信教育在学生创新素质的培养中可发挥决定性作用,长达数年的研究获得的结果可以证明这一点。

其四,坚定学生在创新教育中的主体地位。创新型教师在教学过程中,应该鼓励学生积极主动地学习,让他们发掘自身潜能与主观能动性。可以通过启发式教学的引导，让学生展开自主思考，进而不断地发现问题、解决问题。此外，学生应勇于提出质疑，教师也要时刻反思教学过程。

（二）对学生的要求

1. 树立正确的创新价值观

首先，解除创新神秘感，要在创新上具有切合实际的价值观。实际上，新技术动作是一种练好方法、解决问题的新路子。

其次，对创新要杜绝自卑感，不要以为创新完全是科学家的工作，每个人都能创新。

再次，捕捉新意、新的实践或者设计，作出简要反馈评价，引发人们对于自身创新行为的深入思考与讨论，清楚地认识到创新行为及其价值所在。

最后，要捕捉身边的创新典型案例，激发创新意识，注重培养学生的创造性思维能力。

2. 掌握学习方法，改变学习方式

学会学习、掌握学习方法是学生学习的关键。教师不应只是"传授者"，更应是"引导者""启发者"；学生也不只是"接受者"，而是"辨别者""筛选者""思考者"。教师要引导学生通过自主探索来发现问题、解决问题，将重点放在对学习方法的掌握上。在学习方式方面，学生要学会对教师的传授内容、教法提出疑问，学习总结缺点，持续改进。教师要引导学生独立思考，培养学生自主学习能力。学生应真正充分发挥其能动性，积极地思考与探索，而不是等着教师的回答。

第三节 "素质教育"教育理念

素质教育，就是要把提高民族素质作为根本目的来抓。其目的在于全面贯彻党的教育方针，坚持社会主义办学方向，造就德、智、体等诸方面都得到充分发展的建设者和接班人。根据《教育法》所确定的国家教育方针，着眼受教育者和社会长期发展需要，面向全体学生，全面提升学生基本素质，以期关注受教育者态度、能力的发展，弘扬其德智兼备的精神和其他方面活泼发展。高等学校体育素质教育是素质教育不可分割的重要组成部分，以全面提高学生的体育素质、增进身心健康、为社会培养合格人才为根本目的，以体育实践为主要手段，促进学生健康发展。

一、"素质教育"的内涵

（一）充分发挥个人潜能

人类社会政治、经济、文化的高速发展需要人类发挥巨大潜能。这是"发挥人的潜能的教育"受到众多教育家、思想家重视的主要原因之一。基于这一思想，素质教育理念应运而生，这一指导思想注重对学生人格的培养及潜能的激发，把挖掘学生潜能、发挥学生潜能作为教育的主要目标。

（二）注重学生个性发展

素质教育理念下，应该以培养与提升学生的素质为核心，构建课程体系。另外，素质教育对人和社会的发展需要都非常重视，并倡导促进人与社会的协同发展，通过人的发展促进社会发展，通过社会发展积极影响人的发展。

（三）培养学生创新精神和实践能力

培养具有民族创新精神及高水平创造力的人才是素质教育的特殊使命。面向全体学生实施素质教育，要考虑学生的个性发展需要，贯彻因材施教原则，培养学生的创造意识及创造能力。此外，要面向高层次创新人才展开素质教育，使其以高度的民族创新精神及高超的创新能力攀登科学高峰，为民族繁荣发展及国家富强贡献自己的力量。

（四）发展人的综合素质

人的各项素质之间存在着密切的关系，它们既相互依赖和促进，也相互影响与制约。基于素质的整体性特征，要注重素质教育的综合性，全方位培养学生的综合素质，并根据社会发展需求而促进学生个性化发展。有机整合各项素质，既满足学生的个性发展需要，也满足社会发展对全面发展型人才的要求。

（五）重视人的可持续发展

通过实施素质教育，要使学生拥有可终身获益的素质，为其未来生存与发展打好基础。终身性的素质对学生的持续性学习及持久发展非常有益，这些素质产生的影响会贯穿学生的整个人生。素质教育不仅着眼于人类的可持续发展，还注重人类可持续发展与社会可持续发展的统一性。

二、"素质教育"理念下的教学目标

体育教学是一个动态体系，包括很多方面，如体育教学方法等。其中，体育教学目标是影响体育教学活动开展和效果的重要变量之一。体育教学中所包括的一切活动，都应围绕教学目标展开，体育教学过程各要素服务于体育教学目标。所以说，研究和探讨高校体育课教学的各个环节，对实现整个体育教学活动具有非常重要的意义。

高校体育教学目标应以体育选修课、俱乐部、讲座等形式来实现，以适应大学生健身、健心、娱乐的需要，进一步增强大学生综合体育素质，不应仅仅是打好基础，而要熟练掌握体育方法。要把大学体育课办成一种有吸引力的课。高校体育应朝着生活体育、娱乐体育、愉快体育的方向发展，开展文化性体育教学。在高校体育课上增加健康知识与技术的教育内容是很有必要的，但也不能忽视其他因素，如学校领导重视程度、体育教师自身素质等。除训练大学生掌握几种常见的方法外，也要让他们懂得欣赏运动，养成正确评判某些体育中的社会问题与价值观。改革高校体育教学方法，要最大限度地激发学生的学练热情，指导学生以最佳的学练途径，达到体育教学的目的。

三、"素质教育"与应试教育的区别

（一）复杂教育与简单教育的区别

素质教育涵盖了非常广阔的范围，对不同教育内容的协同配合和严紧控制提出了较高的要求。应试教育涵盖的范围并不广，操作起来较为容易，也不难控制，其侧重于提高学生的学习成绩和升学率。可见，素质教育较为复杂且有难度，应试教育较为简单且难度低。素质教育理念的推广意味着要倡导复杂教育，改革简单教育，提高教育的水平，其间必然要经历漫长而曲折的过程，需要广大教育工作者付出努力，也需要广大家长与社会各界的支持与配合。

（二）长远发展与短期发展的区别

应试教育视角下，学生通过短时间的突击学习也可能实现学习成绩的提升，但是基础教育绝对不倡导短期的学习行为。学生从小学到高中经历12年的中小学教育才能参加高考，这10多年的学习成果并不是短期教育就能取得的。如果学生读完大学，还要考研、考博，那么从小学开始到读博结束，正常情况下需要22年的时间，这是长期教育的历程。素质教育倡导培养全面发展的人才，在基础教育阶段就要注重素质培养，为学生可持续发展打好基础，使学生在各个教育阶段学习与掌握的内容都能从中获益。素质教育提倡的是全面发展教育，既要培养学生的综合素质，也要提高学生的学习成绩。

（三）全面发展与局部发展的区别

应试教育的教育内容一般只与考试相关，而素质教育的教育内容涉及面更广，所有对学生终身发展、全面发展、个性化发展有益的教育内容都包含其中。事实上，不管是应试教育还是素质教育，都以学生学习为主，区别在于，应试教育的内容更直观，逻辑也比较简单，很容易看出来就是与学习相关的内容。素质教育的内容既有直观上与学习有关的内容，也有一眼看上去与学习无关的内容，实则对学生发展有益的教育内容。也就是说,直接与学习相关及间接与学习相关的教育内容都是素质教育的内容。所以,从学习的视角来看,素质教育更有助于提高学生的学习水平与综合能力。

第四节 "生态教育"教育理念

在人民生活水平不断提高的今天，人们愈来愈注重与自然的和谐共处。生态文明建设也逐渐成为当前社会关注的热点话题之一。生态平衡和保护环境的观念，近年来已日益深入人心。在我国提倡建设资源节约型社会背景下，高校体育教学中也应该注重对学生环保意识的培养。生态环境是人类赖以生存与发展之根本，对高校的体育教学而言，在体育教育中融入生态理念是有助于增强大学生环境保护意识的需要，是推动高校体育教学模式可持续发展的重要途径。

一、"生态体育"的内涵

"生态体育"的出现可追溯至远古"天人合一"的古朴思想。在我国先秦时期，就出现了以养生为主的"自然体育观"和"天人合一"思想。它的出现，和那个时代体育运动中出现的关于人和人、人与自然、人和社会、体育和环境的冲突直接联系在一起。

对于"生态体育"，胡晓明将其定义为：在自然的环境之中，通过采用自然的活动方式，根据生物的生长发育规律开展的一系列身体活动。[1]

尹雨嘉认为通过利用生态学理念和生态学手段来研究体育领域中的问题，即"生态体育"。其主要包括社会生态环境和自然生态环境对体育的共同作用及相互影响。[2]

对于"生态体育"的理解，谢香道和徐斌的观点是通过利用各种自然因素来进行组织和开展的各种不拘于形式、适量的体育锻炼活动，如我国传统体育中的武术、气功、太极拳等，以及目前较为流行的登山、滑雪、帆板、攀岩、山地自行车等。[3]

通过上述我国专家、学者对"生态体育"内涵的认识，不难发现，他们的观点有着共同之处，即生态体育具有自然性、科学性、社会性、娱乐性、人文性等特征。在针对人类的行为展开的各种研究中，我们都可以或多或少地发现生态学

---

[1] 胡晓明. 生态体育概论 [M]. 长春：吉林文史出版社，2019.
[2] 尹雨嘉. 当代体育发展诸元导论 [M]. 北京：光明日报出版社，2014.
[3] 谢香道，徐斌. 论生态化体育的和谐与发展 [J]. 上海商学院学报，2007，(4)：76.

原理。生态体育的发展也离不开自然、社会人文两方面的生态环境。

综上所述，我们可以将"生态体育"界定为：从对自然和生态环境的爱护和保护的角度出发，正确地处理好人类、体育、环境之间的联系，为人们提供适宜的、可以进行体育活动的自然环境与社会环境，全方位发展人们的身心健康。此外，长久地维持这种"生态文化"，能够有效推动体育运动的可持续性建设。

二、"生态教育"的功能

作为一种教育思想，生态教育符合当前时代经济发展的要求，其丰富的内涵不仅涉及教育的多个领域，也包括种类丰富的教育手段、教育对象和教育内容。我国有部分学者针对生态教育展开了研究，从文化资源、人口、环境等层面出发，对生态教育作出了新阐释，并将生态教育视作推动人类可持续发展的、符合生态文明社会发展要求的现代化思想理念，这种理念可以被运用于生态学教育过程。生态教育的本质是一种教育过程，以生态学为理论根基，一方面，负责对生态文明、生态知识进行传播普及，另一方面，提高人们对生态环境、生态素养的认识水平，从而构建全新的生态自然观与生态价值观，最终让人类社会在可持续发展的道路上和谐、稳定地前进。

三、"生态教育"的相关研究

（一）国外研究

1. 生态教育相关研究

1975年的《贝尔格莱德宪章》和1977年的《第比利斯宣言》的问世，吸引了不少西方发达国家关注生态教育，并用实际行动投身到生态教育发展大潮之中。有的国家已将生态教育纳入法定教育，还有一些国家为高等院校提供了普及生态教育课程。一些发展中国家也纷纷开展生态教育。20世纪70年代，全球首部环境教育法案——《环境教育法》通过。美国联邦政府设立环境保护署，下设有环境教育司，主要职能是在大学推广公共基础生态教育。大学作为高等教育机构的一个重要组成部分，其生态环境教育也日益受到重视和加强。1998年，美国教育促进基金会在美国研究型大学的发展宏图中，将大学生态系统教育理念界定为：

现代大学教育作为一个生态系统，包含了多种因素，产生了整体综合效应。并提出，只有实现人文科学与自然科学的民族化、国际化，教学与研究专业教育与通识教育在各个方面都能够保持均衡的高校，才可以被称为理想中的高校。法国教育部自1977年起就将环境教育这一方针纳入学校教学加以推行；同时，为环境教育编写教材，开始了环境教育的广泛推广。在俄罗斯，应《自然保护法》的规定要求，自然保护基础课教学被纳入普通学校的教学大纲和相关的教科书中，各个高等院校、中等专业学校也开设了与自然保护、自然资源繁殖相关的必修课。我们可以发现，通过相关法律法规，俄罗斯为其国内的生态教育发展奠定了法律基础。

2. 生态体育相关研究

生态学的理论和方法运用于体育研究萌芽于20世纪60年代，相关的研究不仅起步晚，且发展缓慢。它的发展与奥运会的进步发展有着密切的关系，1991年，国际奥委会修改了《奥运宪章》，把举办奥运会须提交相应的环保计划这一要求作为奥运会申办条件之一，国际奥委会主席萨马兰奇提出，要把生态环境保护作为奥林匹克精神，并在1996年成立了环境委员会，明确把生态文明和生态文化列入申办奥运会的必备条件。从此，奥林匹克运动和环境实现了重要的联系，这为生态体育的发展有着直接的促进作用。

(二) 国内研究

1. 生态教育的相关研究

国内有关生态教育的专业人才培养始于20世纪70年代，一些大学设有生态学专业；在20世纪80年代，生态学教育课程范围被扩大，很多非生态学专业的学生也可以选择这门课进行学习；国家教育委员会于20世纪90年代将"资源，环境，人口等"纳入大学生国情教育范畴，就此开始，高校逐渐强化了对大学生生态教育的重视。

之后，清华大学启动绿色工程，把生态教育作为教育改革的重点工程，这一举措是我国生态教育发展史上的里程碑。与此同时，在生态教育运动的影响下，也吸引了大量学者对生态教育的关注与研究。例如，学者吴鼎福在《教育生态学》中借用生态学理论和概念，以一个环境问题研究者的视角来研究教育生态问题，曹剑辉在《生态学视角下的大学生思想政治教育》中从多样性、适应性、开放性、生态性等多角度去探讨大学生思想政治工作。

2. 生态体育的相关研究

生态体育意识、生态体育思想在我国古代就有所体现，例如，我国传统体育文化中的"养生"，主张人要维持社会与自然之间的环境平衡，这属于人就生态关系所产生的认识。

近代，在生态体育展开的研究中，资产阶级启蒙思想家严复在翻译的《天演论》中阐述的"物种进化"思想颇具代表性，尽管其著作并未提及"体育"一词，但里面包含着与生态体育相关的思想理论。确切来说，我国相关学者是从20世纪80年代开始才展开对生态体育的研究的。

直到21世纪初，在自然环境日益恶化的情况下，人们对于生态和谐的呼声越来越强烈，体育可持续发展问题的大讨论从而展开，生态体育的研究受到了学者们的高度重视。2000年，学者刘学军在《论体育科研的生态学倾向》中通过对我国体育科研生态学倾向的产生、发展与必然性展开分析，阐述了生态学倾向对体育科研的意义，为体育科研提供了新的思路与方法；2008年，北京申办奥运会提出的"绿色奥运、人文奥运、科技奥运"极大体现人与自然和谐、人与社会和谐、人与体育和谐的奥运理念，掀起了关于生态体育研究的高潮。如《论体育生态文明》中从社会学、生态学、伦理学的视野对生态文明与体育生态文明进行了分析研究；《构建"生态体育"体系之必要性与可行性思考》中分析和论证了"生态体育"体系的建立能有效提高社会、经济和生态等方面的效益；冀建林在《生态文明视域中的生态体育》一文中认为，生态体育为现代体育的发展方向提供了一种良好的选择，生态体育的发展将促使人类社会朝着公正、和平、无污染、科学、和谐的方向发展；邓罗平通过实证研究法，于《"生态体育"教学模式在高校体育教学中的构建与应用》中强调，"生态体育"模式把人、体育和大自然结合起来，在很大程度上增进了大学生身心健康，提升了大学生的终身体育意识，使得高校体育教育又多了一条新的发展道路。

四、"生态体育"的特性

（一）自然性

"生态体育"是指让学生走出原有意义上的课堂，融入大自然生态环境和社会生态环境中，在教学过程中充分利用自然资源，让学生在感受自然气息的同时发展身心，提升内心体验，从而提升学生热爱自然、保护自然的意识，使人类与自然和谐相处。在体育锻炼中，无论人们是为了追求外在的身形之美，还是为了达到内在的身心愉悦，健康始终是人类不懈追求的目标，而这些也正是生态体育的内在体现，这种生命的延续性正是生态体育可持续性的最直接体现。

（二）时代性

从"更高、更快、更强"到"更干净、更人性、更团结"理念的转变，使得奥林匹克运动更加符合时代的强音，真正体现了全球各民族平等以及全人类的和谐发展，从而为体育发展提供了更为广阔的空间。在"生态体育"理念下，各个高校应该结合当今社会发展的特点以及高校教育改革的要求，紧扣时代脉搏，创编出适合自身特点的高校生态体育课程。

（三）层次性

现代体育生态系统涉及政治、文化、经济、教育、网络、信息、科学等多种元素，是一种具备多层次的复杂系统。

体育以人为本，人们的主观能动性会对体育环境效能的发挥产生多种影响。因此，高校体育教学要充分考虑人类在生态体育中所能发挥的各种层次的功能，并深入挖掘这些层次对应的体育效能，以管理人为主要方式，确保体育实现可持续发展目标。

五、"生态体育"与高校体育教学

（一）对大学生人文素养的影响

生态体育可以帮助大学生塑造符合时代要求的人文素养，从根本上提升他们的思想境界。

（二）对大学生心理健康的影响

大学时期是大学生即将步入社会但又不够成熟的阶段，也是世界观、人生观、价值观、道德观形成的重要时期，无论是在生理机制还是心理方面，都还不能完全融入社会。因此，必须对他们加强管理，让他们树立正确的人生态度，加强心理引导，避免学生在校期间荒废学业与青春。"生态体育"对学生的心理有积极的影响，且在改善社会交往、防抑郁、抗焦虑等方面作用明显，能有效地改善学生的心理健康状态。同时，学生在自然的环境中更能产生锻炼的兴趣与学习的热情，减少厌学、逃学现象的产生以及在校期间的安全隐患。

（三）科技发展为"生态体育"提供支持

全球范围内生态环境污染日益加重，单纯靠大自然自身修复很难恢复到原来的面貌。在现代化高科技不断推进的今天，通过体育设施及其相关应用，能够有效缩短生态环境自身恢复的时间。将高科技手段应用于"生态体育"，必然会使"生态体育"模式更加顺利地应用于高校教育。在高校构建新的教学手段的过程中，也只有充分利用高新科技，并将其转化为生态动力，才能使在体育领域中出现的对生态环境有碍的问题及隐患得到良好的解决与预防。

（四）"绿色奥运"为"生态体育"提供模板

2008年，北京奥运会的成功举办开启了世界和谐篇章。其中最为引人关注的是"生态体育"，它将"可持续发展"作为一个重要概念融入整个运动过程中。"绿色奥运，科技奥运，人文奥运"的奥运概念，在硬件设施中随处可见，"绿色奥运"思想逐渐成为"奥林匹克之父"顾拜旦"和平奥运"后的主题。"生态体育"作为一种全新的体育观念和教育模式，被越来越多的人所接受并付诸实施。这表明高校在推广"生态体育"教学模式时，可梳理其思路，并灵活应用，使"生态体育"在我国高校体育教学中独树一帜。

第五节 "寓乐于体"教育理念

一、"寓乐于体"提出的背景

体育作为"强身之本，固国之基"，一直以来都为各国所关注。1952 年 6 月 10 日，在中华全国体育总会成立大会上，毛泽东为新中国体育题写了"发展体育运动，增强人民体质"12 个大字。随着我国社会主义市场经济的不断建立和完善，以及社会生活方式的改变，人们对健康意识越来越强烈，这也为学校体育教学改革提供了良好契机。

在这样的背景下，新课程标准提出让新兴体育走入校园的要求。

（一）"新课程标准"改革的要求

为了响应"新课程标准"改革的号召，体育教师要不断更新教学理念。在教学实施的过程中，体育教师要以学生的需求为根本出发点，抓住一切教学契机，激发学生主动学习体育课程的热情。教师也应充分挖掘自身潜能，真正做到教学相长。在组织教学时，教师要充当导演和演员的角色，积极引导学生效仿，形成教师与学生、学生与学生之间的多向交流，使学生能够积极主动地参与体育运动的全过程，帮助学生实现身体的全方位发展。体育教师应充分尊重学生主动学习、探究学习的主体地位，只有这样，学生才能获得全面的发展。

（二）"乐学"成为主旋律

"新课程标准"将"提高运动兴趣和终身体育意识"作为体育教学的基本原则之一。实践研究证明，从教学目标可及性、教学活动主体性、教学评估激励性与教学管理艺术性四个角度入手，能有效激发学生的学习热情，提高学生学习效率，进而激发学生潜能。

教学目标的可及性。简而言之，教学目标的可及性就是针对学生的身体素质，结合体育项目的运动特点，设置一些学生通过努力就能够达成的目标，最终的目的是让所有学生都能达成教学目标，并获得自信，提高对体育的兴趣。事实表明，如果我们设置的体育目标让学生通过努力便可达及，将极大地激发学生学习体育的积极性，并为他们带来自信的体验，进而调动他们学习体育的热情和主动性。

教学活动的主体性。想要确保教师的主导作用，要明确学生的主体地位，这样才能使得学生乐于学习。教师在开展教学时，要始终给予学生充分的尊重，并提高其对学习的积极性与主动性，让他们踊跃参加与学习相关的活动，提升学习效果。

教学评价的激励性。教学评价的最终目的是为学生正确认知自己提供一个科学的评判标准，让学生了解自身存在的优势和不足，进而不断地提升自己，最终促进教学目标的达成。因而，我们应该充分发挥体育教学评价的激励作用。

教育管理的艺术性。作家高尔基表示，就算是母鸡也懂得关爱孩子[①]。体育课堂的机动灵活和随意性决定了体育教学课堂上的矛盾冲突的必然性。这就需要体育教师艺术化地管理体育教学。在良好的教学氛围里，学生能够产生愉悦的心情和充足的学习兴趣、学习激情，进而全方位地发展身心健康。

（三）学生人本回归的有效途径

体育运动就是用身体的方式玩味某种精神自由之"游戏"。体育运动所具有的这一特性，决定了它不可能像其他艺术那样通过模仿来实现其审美价值与功能。唯有在运动者与观赏者严肃、认真投入到这个"意义"中与之融为一体的时候，体育运动才能显示出它的存在意义，运动者才能进入本真游戏状态。

处于最初阶段的文明乃是由游戏而来的。游戏所带来的愉悦、自由、规则、体验、和谐让其充满了魅力。

第一，愉悦。愉悦是游戏的初衷。游戏能够让人获得生理和心理上的快感，让人在最轻松、最自由的状态下最大限度地释放自己。

第二，自由。游戏与自由是密不可分的，二者缺一不可。德国古典哲学创始人康德在论证艺术和游戏的关系时认为，艺术的精髓在于自由，而自由也是游戏的灵魂，正是自由，将艺术与游戏融合为一体，人们更愿意将前者单纯视作游戏，它可以让人快速适应某件事情，并获得符合预期的效果。所以，他认为游戏是"活动的自由和生命力的通畅"。在中国，道家代表人物庄子在《逍遥游》里，用极

[①] 高尔基. 中译经典文库·世界文学名著 高尔基中篇小说集[M]. 徐新民，译. 北京：中国对外翻译出版社，2021.

富散文色彩的笔调,阐明了他自由的哲学思想。"逍遥"就是指"逍遥于天地之间,而心意自得"。常人达不到"逍遥游",因为有所依赖,有所追求,把功名利禄看得太重。庄子"逍遥游"的思想,对中国的游戏观影响很大。

第三,规则。当然,尽管游戏是倡导自由的,但是世间万事万物的自由都在一定范围内,没有随心所欲的自由存在。只有规则才能确保游戏的顺利进行。它把一种暂时而有限的完美带入不完善的世界和混乱的生活。分析哲学创始人之一的维特根斯坦同样认为,"游戏是由规则来规定的",非常重视规则,他认为,语言里唯一和自然必然性关联的东西是一种任意的规则。游戏的规则包括内隐与外显,前者主要指的是隐含于游戏外表之下的规则,也就是那些必须服从的游戏需要。学习者被告知规则,练习应用这个规则。或者规则既不用于教人,也不用于游戏自身,而且也不列在一张规则表上。但我们说,这个游戏是按照某些规则进行的,因为旁观者能够从实际进行着的游戏看出这些规则,就像游戏所服从的一项自然法则。外显的规则,顾名思义,就是表面上大家都看得到和必须遵守的规则。当然,自由和规则在游戏中并不矛盾。从某种意义上说,这种外显的规则是易变的,可以随游戏活动的需要而修订和改正,使游戏规则处于不断的生成过程之中。

第四,体验。有参与者参与的游戏才是真正的游戏,游戏的最终目的就是参与者通过游戏体验获得游戏快感。游戏时,游戏者尽情地遨游在游戏的世界之中。美国心理学家西克森特米赫利的观点与美国人本主义心理学家马斯洛的"高峰体验"有惊人的一致:即使一切的一切都远远地遁去了,但所获得的幸福感依然十分强烈,这种感觉或让人愉悦至极,或让人沉迷,无法自拔,但不会瞬间消失。

第五,和谐。游戏活动是人的生理、心理、社会性等要素投入其中的活动。

综上所述,我们可以认为,游戏是有生命的,能够让人的身心获得毫无拘束、远离俗世喧嚣、功名利禄的感受。为游戏而游戏,体验到的只是游戏之趣。游戏心境也是对自身的一种超越。

二、"寓乐于体"的内涵

自"寓乐于体"的概念被提出以来,各高校纷纷响应,出台了一系列相关的政策文件，很多高校也取得了一定的进展。要想把"寓乐于体"的精神深入人心，真正把各种政策付诸实践，形成参与体育锻炼的热潮，应从根本上真正理解"寓乐于体"的内涵及意义。

对"寓乐于体"内涵的研究，仁者见仁，智者见智。一些观点认为，"寓乐于体"是以身体练习为基本手段，以改变目前青少年体质日益下降的局面为主要目的，以提高全民族素质为最终目标，全面考虑不同学校学生的实际情况而开展的一场声势浩大的全国性学校体育活动。以"达标争优、强健体魄"为目标，以全面实施《学生体质健康标准》为基础，以体育课教学和课外体育活动开展为契机，加强对课堂体育教学、体育俱乐部教学、课外体育活动的组织领导，吸引广大青少年学生走进大自然，走到阳光下，走到操场上，积极参与体育锻炼，养成良好的体育锻炼习惯和健康的生活方式。

三、"寓乐于体"教育思想的意义

（一）体育游戏与身体健康

身体的健康包括人体各部位或器官的发育与功能的完善，它包含着身体的形态、功能以及智力等方面的健康。简言之，就是具有健康、优美的体形。智力是指人对客观世界的感知，对信息的获取、整理和加工，在感知的基础上进行记忆、思维和想象等。肌体健康是构建人的发展的物质条件，而智力健康则是构建人的发展的精神条件。体育游戏以身体运动为主，这一点与其他体育活动相同，游戏内容、游戏形式都是提前规划好的，所以体育游戏也具备一定的健身作用。

体育游戏与身体形态和功能的发展：体育游戏的内容丰富多彩，形式多样，可以通过多种手段促进培养其正确的身体姿态，发展学生基本活动能力，提高身体素质，促进身体的全面发展。

1. 体育游戏与身体形态的健康

良好的身体形态不仅是身体发育完善的标志，而且还能给人以美感。例如，"能看到多高""金鸡独立""膝顶下巴""背后握手"等站姿游戏，以及"小摇车"等卧姿游戏，都可以通过拉伸身体的肌肉、韧带，提高身体的柔韧性和平衡能力。

2. 体育游戏与身体功能的健康

人的基本活动能力包括走、跑、跳、投、攀登、搬运等。学校中的体育游戏可以与田径、体操、球类等项目密切配合，利用各种运动项目中学生比较熟悉并基本掌握的技术动作来编排游戏。一方面，这种做法可以拓展体育游戏的空间，让游戏更具趣味性；另一方面，教师能在游戏过程中检验学生各种基本运动技术的掌握情况。可见，体育游戏为运动技术的逐步完善、运动能力的健康发展提供了一条切实可行、科学有效的途径。

3. 体育游戏与启发智慧

体育游戏不仅能够完善人的身体形态机能，提高人的基本活动能力，同时也在人的智力发展方面发挥着巨大作用。6岁儿童大脑的重量就已经达到成人的90%。人的脑部2岁时形成有关个性的部分；6岁时，铺成思考的基本路线；10岁时，可略见将来的精神成长。可见，除遗传因素外，人的智力主要是由后天教育决定的。体育游戏对人的早期智力的健康发展有着积极的促进作用。例如，提高模仿力的"小兔跳"，提高协调力的"渡臀""膝步走"，提高身体平衡能力的"围圈跑"，提高灵巧性的"向后绕足走"等。实际上，为数不少的体育游戏或多或少地具有智力考验的因素。此外，体育游戏通常是以对抗、竞赛的形式来进行的。研究个人或团队如何在规则允许的范围内采用最佳实施方案，选择最有效的动作战胜对手，从而完成游戏。体育游戏的条件和环境多变，内容复杂，它能够发展人敏捷、迅速的判断力，并增强记忆力。

（二）体育游戏与心理健康

体育游戏具备消除不良情绪、缓解学习压力的作用。人的情绪状态是衡量其心理健康的重要指标。"趣味性"是体育游戏的基本特征。即使像"老鹰抓小鸡""打鸭子""两人三足"这样的传统游戏，也让人乐此不疲。除此之外，在游戏中获得胜利还会使人产生自豪感，增强自尊心与自信心，并在精神上获得一种自我价值得以实现的满足感。因此，参加体育游戏可以使人从烦恼和痛苦中解脱出来，并产生成就感和愉悦感。体育游戏有利于确立自我概念。自我概念指的是一个个体从主观角度对自身的身体、思想、情感所产生的评估，其包含多种自我认识。

首先，大部分青少年注重自己的外形、姿态。对于身体形态不佳的青少年而言，对自己身体表象的认识，常会伴随着不满意、失望甚至自卑等心理体验，以致影响其自我概念的确立。

其次，大部分都乐于自己的能力得到表现，让别人了解自己的长处，从而得到别人的赞扬、尊重。摆脱了平时工作、学习中的压力与烦恼，在体育游戏紧张而愉快的竞争情境中，人能很自然地表现自己的体力、技能与智慧。体育游戏能培养坚忍的意志品质。体育游戏环境条件丰富多变，组织形式繁多，特别是一些克服障碍的游戏，要求参与者在活动中不断克服各种困难，并在克服困难中培养良好的意志品质。被有趣的游戏内容所吸引，受获胜欲望推动，和伙伴们的支持和激励，人比较容易克服不管是外界环境还是个人心中的困难和阻碍，并形成顽强的意志品质。体育游戏是一种特殊形式的集体性活动，可以帮助人们建立团结友爱的关系。体育游戏有利于人与人之间的交往与交流。体育游戏是一种以身体练习为手段、具有特殊形式的集体性娱乐活动。就体育游戏而言，学生通过相互联系、合作与竞争等，个体和个体间、个体和集体的关系、集体与集体之间的交流更广泛、更频繁，学生之间可以做到相互包容、尊重信任、团结友爱、鼓励扶持，构建良好的人际关系。体育游戏有助于学生探索精神与创造性的培养。体育游戏为学生的自由探索提供了平台，有利于学生探索精神的深层次挖掘，激发创造热情。这也正是体育教学中特别珍贵的因素，有利于为未来社会的发展培养需要的栋梁之材。现代社会对现代教育提出更新的要求，它鼓励开发学生的创造性和探索精神。学会学习、学会生存的核心内容是学会发现、学会创造。大量的实验研究表明，游戏有助于培养学生的创造性和探索精神。

（三）体育游戏对个体社会化的积极作用

体育游戏可以规范道德行为方式，促进价值观内化，培养竞争合作意识。游戏规则绝不是游戏制定者随心所欲而定的，一定建立在公正和道德判断的基础之上，需要符合大多数民族公认的伦理标准和共性特征。游戏规则的制定有利于学生良好行为规范的形成。可见，学生对体育游戏规则的遵守与秉承，在一定程度上可以影响其现实生活中的行为规范。因此，我们要注重发挥体育游戏塑造和培养道德行为的价值。

体育游戏可以促进人际交往，完善个性特征。体育游戏以群体性活动为主，学生参加体育游戏活动，不仅可以增进沟通和了解，扩大交友范围，增进学生之间的感情，还有助于拓宽自己的视野，从别的游戏者身上发现其优点。同时，他们还可以比较自然地了解并逐渐形成尊重、理解、谦让、协商、竞争、合作、共处、信任、宽容、忍让、荣誉、责任、和谐、公平、公正、自尊、自重、自信、自强等优秀品质和健康的个性特征。体育游戏可以促进社会角色的体验，形成自我意识，培养社会化品质。在体育游戏活动过程之中，游戏参与者中的每一个人都扮演着一定的角色，这些角色虽然看似很虚幻，但有时也是对现实生活中某些角色的模拟。社会角色是完成社会活动必要的社会形式和个人的行为方式，在社会群体活动中扮演不同角色，可以使青少年明白与特定的社会角色相关联的社会地位、权利、义务，以及职责的准则和行为方式。在这一过程中，青少年适应社会的能力与个性品质都会实现大幅增长。

（四）体育游戏的艺术价值

艺术产生于游戏。体育游戏是游戏的一种重要表现内容。它好比艺术，可以客观化地展现特定意象，进而将其转化为实际情境。与艺术相同的是，体育游戏也具备移情功能，可以让物质变得生动、形象。游戏带给我们的不仅仅是物质享受，还有实实在在的精神享受。此外，体育游戏也可以通过不同于现实世界的维度，为学生带来安慰。

总之，大学阶段正是人的青年时期，学生的生理机能均已接近或达到成人水平，骨膜中的成骨细胞不断增长，使骨骼增粗。青年期的心脏重量和容积基本达到了成年人的水平，在承受较大负荷的运动时，不会对心肌及心血管系统产生不良的影响。呼吸肌的肌力明显增强，呼吸深度增加，呼吸频率减慢，植物性神经发育完善，肺活量增大。

在体育游戏教学中，应采用有一定难度、竞争性较强的游戏，加大学生的运动负荷，提高他们的心血管系统功能，可以适当加入用于训练静力和动力的练习，确保有氧活动和无氧活动有序进行，综合提升运动素质。青年阶段的记忆对于人的一生而言至关重要，在这一阶段，人们的抽象逻辑思维会得到提升，思维会更加独立，更具批判性特征、深刻性特征以及敏捷性特征。造成学生情感不稳定的原因主要有两点：一方面是由于认识的片面性，另一方面是由于内部需要的突然改变。因此，体育教师在进行体育游戏教学时，要广泛运用能开动脑筋的、复杂多变的游戏，以力量性和耐力性游戏为主，全面提高学生的综合身体素质。

第三章 高校体育教学的新方法

本章着重研究高校体育教学的新方法,主要内容包括"以人为本"的教学新方法、"创新教育"的教学新方法、"素质教育"的教学新方法、"生态教育"的教学新方法以及"寓乐于体"的教学新方法。

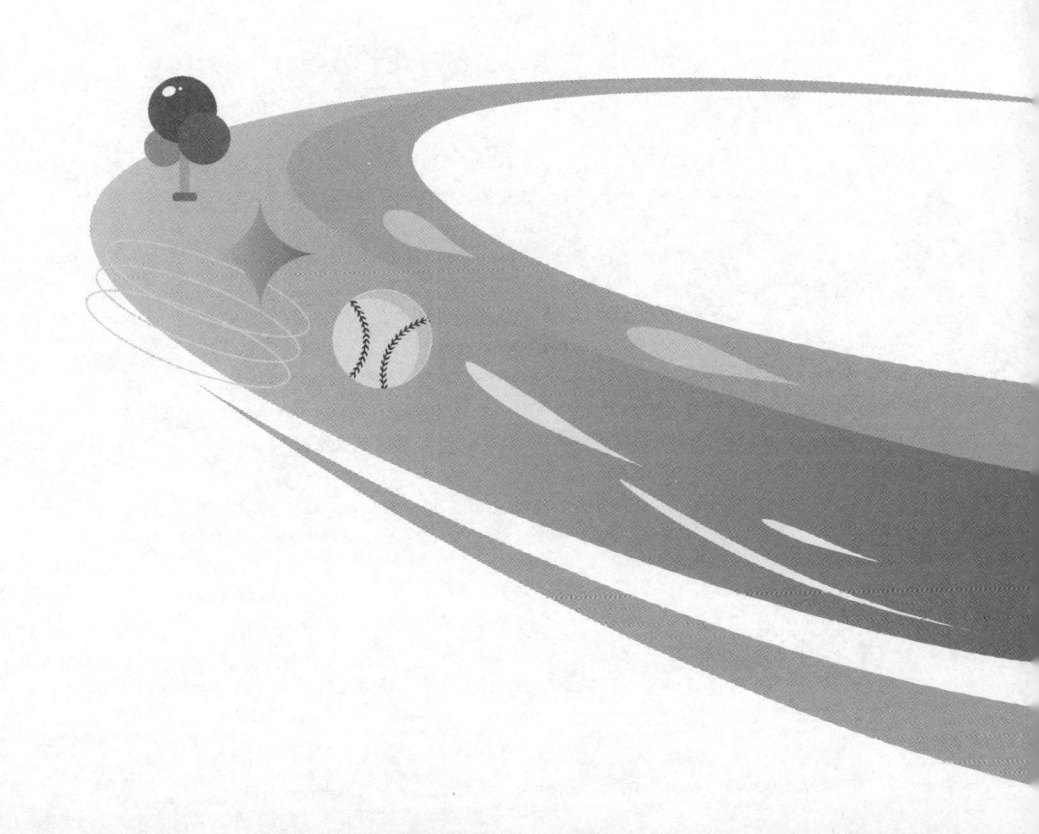

第一节 "以人为本"的教学新方法

一、以人为本理念下教学方法改革的重点

值得注意的是，在当代人本主义教育观的影响下，高校体育教学方法改革重在以人为本、张扬个性，重点关注学生的科学思维能力，以及对问题独立分析与解决的能力，进而有效激发学生对于学习的积极性与主动性，在一定程度上发展学生的个性。高校体育教学主要要求学生对人和事，以及对周围环境的变化进行理解与适应。因此，高校体育教学方法要以"人"为中心。总的来说，高校体育教学方法的改革是为了促使学生加深对自身所学知识内容的掌握，进而加强对知识的应用。环境的改变并不会影响人们对于有用信息的掌握，高校学生应当以创造性的角度，应用自己所学的知识，以便更好地服务于社会的发展。值得关注的一点是，改革高校体育教学手段，并不完全等于改革教学方法。教学方法与教学手段并不是一回事。教学手段只是进一步提高教学效果以及传递教学信息所使用的各种工具。在现代教育技术条件下，教学手段也包括各种媒体。采用先进的电化教学设备，在课堂当中引用多媒体开展教学，这就是对教学手段进行的变革，通过这种方式，能够在一定程度上有效促进学生对学习内容有更加深入的理解与掌握，进而能够有效增加学生的知识容量，帮助学生以一种良好的姿态更加顺利地掌握并巩固所学的内容。应当注意的是，高校体育在教学方法与教学手段的改革方面虽然有着很大的差异性，但是也有着一定程度上的联系，所以不能够单纯地以教学手段改革取代教学方法改革，并且只能将教学手段改革归类为教学方法改革的一部分。只有当教学手段的改革能够满足学生接受新知识的需要时，才算是成功的教学改革。

二、"以人为本"教育理念的目标

"以人为本"教育理念主要是以培养学生的能动性、独立性、自主性及创造性为目标，具体分析如下：

（一）培养学生的能动性

"以人为本"教育理念强调学生主动学习，发挥学习的能动性，教师要对学生的能动性给予尊重、认可及鼓励，使学生为自己确立适宜的学习目标，选择适合自己的学习方法。"以人为本"教育理念要求学生主动学习，发挥主观能动性，建立积极乐观的学习态度，养成自觉、自律的学习习惯。学生在发挥主观能动性的过程中，学习意识增强，并产生强烈的责任感，带着这份责任感朝着正确的方向努力。

学生的能动性还体现在其不是被动接受课本知识，而是有意识地将课本理论知识与生活结合起来，灵活运用课本知识分析与解决生活中的问题，将知识、技能及经验整合起来，主动吸收、适当加工改造对自己有重要意义的知识，从而使自己的学习智能与动手能力不断提高。

（二）培养学生的独立性

"以人为本"的教育理念重视培养学生的独立性，要求学生从对教师的过度依赖中走出来，发挥自己的主体意识，以积极乐观的学习态度去学习，独立自主地完成学习任务及实现学习目标。学生对教材的独立感知、对知识的深入理解以及对学习问题的自主解决也离不开教师的启发与指导，但学生要把握好依赖教师的"度"，避免过度依赖而影响自己主体性的发挥。学生拥有独立意识及良好的独立学习能力，还能进行自我教育，根据自身情况灵活调控与支配自己的学习行为，将自身学习潜能充分发挥出来。

独立性强的学生还敢于质疑，并主动向教师请教，与教师讨论与验证真伪，这对增强学生的学习自信心非常有益。

（三）培养学生的自主性

"以人为本"教育理念强调学生在学习过程中要有自我认知能力，全面认识并不断完善自己。教师要培养学生的自主意识，包括自立自强及自尊自爱，使学生明确自己享有的权利，不干涉学生支配权利的自主与自由，让学生自主规划自己的学习与生活，合理安排自己的时间，独立自主地认识世界、改造世界，不一味地依附他人、盲目听从他人安排。在自主学习与努力的过程中，学生的奋斗目标应该是明确的,并用自己的一言一行去实现目标,在这个过程中也要自主克服困难,以强大的自制力与毅力进行有效学习,提高独立自主的学习能力。

(四)培养学生的创造性

"以人为本"教育理念要求对学生的个性予以尊重,鼓励学生勇敢发表自己的观点和见解。教师要尊重学生的"奇思妙想"。学生发挥自己的思维能力和想象力所想出来的"新点子"应该得到尊重,而不能因为与所谓的"标准答案"不一致而被全盘否定。支持与鼓励学生发挥想象力与创造力,有助于培养学生的创新素养。

三、"以人为本"教育理念下新的教学方法

"以人为本"教育观为体育教学的发展提供了科学的指引与正确的方向,要在学校教育中真正落实这一教育观,就要立足这一观念,进而加强对学校教育的深化改革。

为确保能够更好地深化和具体化高校体育教育教学,进而促使大学生能够切实掌握创新的精神与能力,需要对高校体育的教学方法进行彻底的、顺应时代发展的改革。在现代社会中,人们越来越重视素质教育。因此,高校体育教学改革也势在必行。值得注意的是,对于高校体育教学方法进行革新的时候,要有足够正确的思维理念作为引导。我们所面对的当代人本主义的教育思潮所坚持的方法论基础与价值标准就是人本主义,这种教育理念更为重视对人本身加以关注,由此,我们就能够更好地对现阶段我国高校所使用的体育教学方法进行改革方向的探讨。

(一)以学生为本

1. 尊重学生

教育及教育管理的前提是对人的价值予以尊重。教育和教育管理都是以学生为对象的,学生是教育活动中的主体,教育和管理任务的完成都离不开学生主体性的发挥和协同配合。教育活动对学生的尊重应该体现在一定的广度与深度上,如鼓励学生提供关于学校管理方面的建议,让学生有机会参与校内有关事件的决

策和讨论，这样，学生的主人翁意识和责任感也会得到强化，从而更加理解学校教育，并给予极大的支持与配合。

2. 宽容学生

推动学生健康成长是教师所有工作的根本目的，教师要想顺利达到这个目标，就要对学习中存在问题的学生进行密切关注。学生之间难免会存在差异，所有学生都存在优势和劣势，教师应当正视这种差异，对学生的优势进行积极肯定，对学生的劣势多多包容。参与体育教学的教师要明确的一点是，体育课上不存在差生。在具体的教学工作中，教师在管理学困生时，更需要付出一定的情感，多下功夫，对他们的错误给予宽容与理解，从而使学生的思想负担减轻，使其树立自信，将内在的精神力量激发出来，使其自觉改正错误、实现自我发展，这才是对"以人为本"教育思想的真正贯彻落实。

3. 主动为学生服务

学校应主动服务于学生，在教育过程中端正服务态度，这样能够拉近学生与学校的距离，使学校教育工作得到学生的信赖与支持。学校教育不是为了管理而管理的，而是要在管理过程中承担育人的职责，在学校常规管理及对学生的日常服务中纳入教育的内容，使管理的教育功能得到最大化发挥。

4. 丰富教学形式

体育教学应努力彰显学生的主体地位，使学生成为学习的主人，促使其将体育学习融入情感和行动之中。所以，体育教师应当采取多元化的教学形式，科学组织体育教学。现代课堂教学就是教师和学生共同探讨问题的重要阵地，在课堂教学中便于运用多种形式开展教学活动。具体的教学形式有群体训练、小组合作练习、个人自觉练习等，这些都彰显出体育教学中贯彻了"以人为本"的理念，有助于激发学生的内在需求，并推动学生不断进步。

5. 科学评价学生

体育教学评价的全面性很重要，全面评价需遵循"以人为本"的原则，将学生的全面发展充分重视起来，力求通过全面评价充分了解学生对体育学科的态度、参与体育锻炼的情况，以及对体育技能的掌握和运用情况，从而有针对性地调整课程教学方案，使学生在现有的基础上实现更大的进步。在体育教学过程中，要注重对学生体育学习情况的评价。一般来说，体育教学评价主要是对学生的平时表现、素质达标、技术技能运用等内容进行评价。然而，由于每个学生的学习能力存在着差异，因此容易出现能力强的学生得高分、能力弱的学生付出行动但很难得高分的情况，这种评价将无法客观反映学生的体育锻炼情况，同时也不利于提升学生的学习动力。所以，教师在选用评价方式时应当密切联系学生的实际情况，从而推动所有学生的健康成长。

6.建构和谐师生关系

体育教学的基本立足点是关爱学生生命，尊重学生人格和权益。教师对学生之间的差异性应予以认可，尊重学生的独立性、个体性，与学生建构起平等和谐的师生关系。具体来说，在体育课堂教学中，教师要善于采用鼓励性的话语来激励学生、安抚学生。鼓励的话语可以给学生带来莫大的安慰与动力，使学生变得更勇敢、更自信。这样往往能够取得良好的课堂教学效果。

（二）以教师为本

因为教师的"教"是学校培养学生和推动学生发展的实现手段，所以体育教学以教师为本。学校需要完成的工作包括以下几个方面：

第一，给体育教师营造积极向上的工作环境和工作氛围，针对教师的工作量制定出合理标准，客观评估教师的教学，积极奖励表现突出的教师。

第二，时刻关注教师的发展情况，教师也需要随时代的变化而持续发展。在体育教师管理方面，严禁把防范性和强制性摆在重要位置，应当把人性化贯彻于各个环节，促使体育教师积极履行个人义务，并承担相应的责任。

第三，给予体育教师应有的尊重与信任，避免制定过多内容来限制体育教师的自由，避免束缚体育教师的行为。

（三）重视主体精神的培养

时代发展与社会进步呼唤人类主体性的弘扬及对人类主体性的培育。教育的本质也要求弘扬与培养人的主体精神。

1.培养学生的主体性

现代人都有主体性，这是现代社会人类的基本特质。现代社会一直强调深化教育改革，而对教育思想的改革最能体现出改革的"深化"，这是最深层次的教育改革。现代教育应树立培养主体性的教育思想，并在相关教育问题的处理上将该思想作为导向,通过教育切切实实地培养具有自主性能动性以及创造性的现代人才,并鼓励学生在学习中充分发挥自己的主体性。

2. 加强个性教育

要想在体育教育中重视个性教育,就要对学生的主体地位表示认可并予以尊重,对学生的主体意识进行培养并不断强化,同时要对学生的主体能力进行培养。在现代教育中,要结合社会需求和社会现实来开展个性教育,使学生在体育学习中充分发挥和舒展个性,发挥自主性和创造性,适应社会发展,成为满足现代社会需要的创造性和多元性人才。高校体育教育面对的是在兴趣、志向、知识与能力基础等方面都或多或少存在差异的广大学生,学校要顺应学生的身心发展特征与规律而进行个性化教育,而不是强行抹杀学生的差异,强制实施统一化教育。个性化教育要求贯彻因材施教的原则,尊重学生的个体差异,发现每个学生的潜力与优势,为学生提供施展个性与能力的机会与平台,使学生通过个性化教育进一步提高与发挥创造力。

3. 教育系统与教育过程的主体性

(1) 体育教育系统的主体性

体育教育系统本身所具备的主体性会在宏观教育管理当中展现,并且明确教育管理主体应当以社会需要为根本目的开展人才群体计划的培养和管理,在此过程当中充分表现出能动性、自主性、方向性、创造性等特性。

体育教育系统的主动性还表现在教育系统要自觉认识教育的相对独立性。教育对社会的作用具有能动性,它不是消极被动地被社会所改变、规定和制约的,不能完全依附于政治、经济,表现出政治化、商品化、产业化特征,而应遵循教育的规律,批判性、选择性地适应社会,为社会服务,发挥改变、教化和引导社会的作用。

(2) 体育教育过程的主体性

学生的主体性需要通过教育实践来培育、弘扬、规范、定型,从而对社会发展产生能动作用。但是,并不是任何一种教育实践都能培育和弘扬学生主体性的,只有具有主体意识的教育实践才能发挥这种功能。值得注意的是,对于学生来说,教育活动本身就是自己在教师的引导之下,更加真切地对整个世界加以认识,并在一定程度上通过自身的能力对世界进行改变,进而有效促进自身的未来发展。

教师向学生传道、授业、解惑的活动过程也是学生掌握知识和规范，认识世界和自我，获得自我发展的过程。

值得注意的是，在教学过程当中，学生主体绝对不是单纯地将自己的认识对象认定为知识或者教师，而是将认识对象确定为由教师所引导的操作知识与规范的动态过程，并基于此，充分发挥自身的积极性、自主性与创造性，以便更好地掌握知识、了解自我、认识世界[1]，促使教师主体与学生主体产生相同的根本目的与内容。双方通力合作，最终使得教学过程能够成为一个整体，充分发挥育人的作用。

4. 提高教师的素质

体育教师是教育活动中非常重要的组成因素，若要培养学生的创造性、自主性、独立性等特性，就需要确保授课教师具备较高的素质。

首先，应当重点提升教师的道德素养水平，使得教师对教学工作抱有最大的激情，并对学生表现出足够的关心、爱护与尊重，使得学生更加信任与尊敬教师，进而以一种更加积极的心态面对教师教学，最终获得理想的教学效果。

其次，引导教师不断增强自身的创造意识与创造能力。对于体育教师来说，应当积极发挥自身创造性，不断对教学方式进行改革与完善，在此过程当中，还需要主动丰富自身专业知识并提高相关技能水平，以便适应时代发展。

最后，教师应当明晰自身位置，确保在教学过程当中，学生在课堂上的主体地位得以凸显。教师绝对不能够将自身地位凌驾于学生之上。在教学过程当中，教师只是学生学习路上的"引导者"，其主要作用就是帮助学生更好地面对并克服学习道路上遇到的困难。在教学过程当中，教师应当确保学生的自主性得以发挥。无论哪种学生，教师都应该一视同仁，确保学生的各项权利以及人格尊严等都得到尊重与保护，在此基础之上，依据相关规章制度对学生进行教育和管理，以便在一定程度上有效提升教育和管理的最终效果。

5. 改进教学方式

"以人为本"的现代教育理念要求在教育活动中重视激发学生潜能和培养学生能力。改进教育方式的方法如下：

---

[1] 武海燕，代虹. 中小学现代教育理念[M]. 哈尔滨：黑龙江人民出版社，2006.

第一，积极改革教学方法。相较于传统的教学方法，教师应当顺应时代发展潮流，开展"注入式"教学，以便充分激发学生对于学习的兴趣，使其能够尽力发挥自身的主动性，有效促进学生关于学习的深度思考，并从中获取感悟。

第二，精简课程门数，把学生从繁重的课业负担中解放出来，使学生每天有可供自己支配的时间，做自己喜欢的事情，这是培养和提高学生能力的重要前提条件。

第三，注重校园文化环境的创建，营造良好的校园文化氛围，使学生在丰富多彩的课外活动中丰富自己的生活，并不断完善自己。

第四，重视实践性教学，如实验课、见习课、讨论课，使学生通过实践性教学，善于动手、动脑解决实际问题。

第二节 "创新教育"的教学新方法

一、"创新教育"理念下教学方法创新

(一)从教学要素着手进行创新

为确保教学目的得以实现,教师需要积极采用各种有效的教学方式对课程教材进行讲解教授,所以说,在教学活动当中,教学内容的成功展现在一定程度上要归功于合适的教学方法。值得注意的是,体育教学方法本身种类较多,其中主要包含有教师在课堂内外所使用的种类繁多的教学手段、教学方法、教学组织形式等。

一般而言,不管怎样的体育教学方法,都会被课程内容本身在一定程度上限制。教学方法的两端连接着教师与学生,教师运用的教学方法,只有通过学生才能达到教学目的或教学效果。体育教学方法与效果的关系如图3-2-1所示。

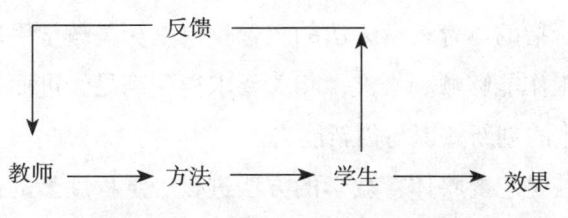

图 3-2-1 体育教学方法与效果关系图

通常情况下,若要准确评价体育教学的最终效果,可以通过了解学生的反映进行确定。教学方法的存在会对教师与学生产生影响,并紧密连接双方。值得注意的是,能够对教学的最终效果产生影响的因素是多方面的,其中主要包含教师所具备的教学水平,以及学生对于知识的学习能力与内化能力等。简单来说,在教学过程当中,教师与学生的存在能够直接决定着教学方法实施的最终效果。若是教师与学生能够积极、深入且协调地合作,就能够在一定程度上促使理想的教学效果的实现。

在对教学方法进行选择与应用的时候,教师的教学水平、知识掌握程度、创新意识的多寡等都会在很大程度上对其产生影响,并且在对教学方法进行改编与

创新的时候更是产生了重大影响。因此，要从教学方法入手进行研究，为提高教学质量服务。与此同时，学生的身体素质，以及对培训的接受程度和技能掌握规律等，都能够在很大程度上直接影响教学方法的实施。总的来说，为获得良好的教学效果，教师需要进一步提升自身的教学水平，并确保学生对于知识的接受能力与内化能力也进一步提高。教师与学生互相尊重、协作与配合，最终成功实现教学方法创新，并提升教学效果。

（二）从实际情况入手进行改进

体育教学方法形式丰富、种类繁多，所以，一定要从教学的实际情况入手，充分运用适当的体育教学方法。对于体育教师来说，在对体育教学方法进行选择的时候，需要重点考虑诸多影响因素。比如，场地问题、器材配备问题以及体育课实施的条件等。不同高校所在地域不同，经济条件也不同，所以高校内配备的设施、设备也存在着一定的差异，甚至部分高校的设备在配备方面并不齐全，难以满足完整的体育教学的需要。所以，为了更好地开展教学工作，教师需要在相关设备不充足的情况下，对体育教学方法进行更新、完善与拓展。但是需要明确的一点是，这里所指的体育教学方法的改善仅仅是相关教学手段，这么做只是为了确保体育教学工作能够顺利推进，相关要求得到满足，进而有效提升学生的身体素质，增强学生的创新意识与创新能力。

通常来说，若是想要将体育教学的方法进行一定程度上的拓展，就需要在一定程度上合理地将现阶段已知的部分教学方法的功能效果与应用范围扩大，而这些变化更多表现于教学组织形式。若是以教学分组为例，则传统的教学形式主要按照人数进行分组，但是伴随着教学方法逐步改善，已经有很多体育教师意识到，在体育教学当中还有着数量庞大的、新颖的组织形式。也正因此，一大批新奇的分组形式开始出现，或是按照兴趣进行分组，或是按照性格进行分组，或是按照能力进行分组等。

（三）从教学效果出发进行优选

在开展体育课教学的过程当中，我们能够发现，这类课程所开展的教学本身就是在遵循着一套教学程序开展工作。整个教学过程不但具备完整性，也具备独立性。纵观体育教学，体育教学方法本身仅仅是其中存在的一个因素，但是体育教学方法的存在能够极大地促进所订立的各种教学目标的实现。只有充分实现各个要素之间的协调合作，才能够获得良好的教学效果。因此，如何提高课堂教学质量是每一位体育教师要认真思考的问题。从教学效果的角度出发，在系统论思想的指导之下，以科学合理的方式对体育教学方法进行取舍与优化，最终从一个全新的角度，将"教"与"学"看作一个"动态系统"，最终在教学环境中融入"目标—方法—成效"理念。为切实实现这一目标，在实施体育教学方法的过程当中，需要保证体育教师能够统揽全局，不但要成功完成最初订立的教学目标，还需要保障教学效果令人满意，对学生的内在学习过程进行关注与重视，并积极为其营造良好的学习环境，进而有效促进学生主观能动性的发挥。体育教学方法本身应当加深对于方法的结合与共同运用的关注，进而全力探索方法上的"合力"作用与效果。此外，最应当关注的是，在对教学方法进行设计的时候，需要进行更加全面且细致的考虑，还需要建立起大局观，主动开拓自己的现有视野，最终真正实现教学方法"一体化"的功效。

一般而言，对组合进行优化就是在一定程度上成功实现不同方法的叠加，并在此状态之下成功发挥整体的效果，借此真正实现所订立目标的理想效果。组合主要表现为教学方法上的革新，比如，将讲解法与示范法进行合理组合，在教学方法上表现为一边对相关知识进行解释，一边对这部分内容进行演示，也可采用讲解法对学生加以启迪。在具体实践中，要根据教学内容来确定各种方法的比例和运用范围。改造的对象主要是实施手段或者工具的加工与改编等。在对部分传统的教学手段进行处理与转化之后，不但不会对目标的实现产生负面影响，还能在一定程度上充分激发学生的好奇心，进而促进学生求知欲逐渐热烈。在进行教学的时候，体育教师可以通过视频或图片的形式引导学生更加深入地了解各种标准的体育动作，在这一过程当中，学生需要不在教师提前告知的情况之下，根据视频中的标准动作，发现自己动作的不合格之处，进而加以改正，从中获得满足感，并产生更加强烈且主动的探索欲望。

（四）从学生未来考虑进行统一整筛

对于高校学生来说，自身接受体育课的教育能在一定程度上有效促进学生的身体素质与身心健康的发展。体育本身内容丰富，种类繁多，能够在很大程度上对高校学生世界观、人生观、价值观的塑造产生一定程度上的影响。体育教学方法本身形式多样，若想要进一步促使学生在未来的发展当中有较大的成就，就需要将所有的体育教学方法进行整合，并在合理范围之内，以科学合理的方式，将由多种手段进行组合的教学法分类、筛选、整理、统合。总的来说，在体育教学当中，教学法的使用能够更好地为学生的未来发展提供帮助，除此之外，在对教学方法进行应用的时候，还需要做到有的放矢，不可随意，也不可过度。教学方法的存在主要是为了达到教学目的，其中，教学目标本身也许很单一，但是实现这一目标的方式有很多。值得关注的是，在这些途径当中，一定可以寻找到一条最便捷省力且直接的途径，而要想实现这一目的，就要实施统筹筛选。对于体育教师来说，在开始体育教学之前，若是不对教学方法进行筛选、分类、甄别，就会直接导致自身在实现教学目标的过程出现效率低下的情况，进而导致最终的教学效果不理想。

（五）构建多样化教学内容体系

对于现代社会来说，各种类型的创新型人才很受重视，所以创新教育也就得到了广泛重视。需要注意的一点是，若要确保创新型教育的最终结果满足人们的需求，就需要创设出数量足够的、有趣且优秀的课堂，并且编写出趣味性足、价值度高的学习内容。通过丰富高校体育教学的内容，在一定程度上保证大学生更加有兴趣学习体育课程的相关内容，借此在一定程度上培养与增强大学生的创新意识与创新能力。一般情况下，在对高校的体育教学内容体系进行创新的时候，主要需要注意以下四个方面：

第一，对校本课程资源所具备的优势进行积极的利用，为确保学生在体育课程的学习当中能够接触更多的内容，需要在体育课程的普修课程当中加入部分特色体育项目，在此过程当中，还需要提升体育课程中校本课程的比例，体育课程教学内容得到了必要的充实与丰富。

第二，根据时代发展情况，对高校的体育教学内容进行契合的发展与革新。比如，将一些瑜伽或者流行街舞元素与健美操等课程进行结合。除此之外，还可以在高校的篮球课程教学当中，以融入花式篮球或者街球等内容的方式，激发大学生的学习兴趣。将一些正在流行的体育内容与现阶段的高校体育教学的内容进行结合，能够有效增强体育教学本身的时尚程度，并促进大学生学习兴趣的培养与提升，让大学生以一种更加积极的心态主动参与其中。

第三，应针对不同学生进行不同的体育教学内容编排，从而满足不同学生关于体育学习的需要。对于一些体质较弱且不具备较强的体育技能基础的同学来说，应当注意多参与身体素质的练习。但是，在对研究部分较难的体育内容的时候，相关内容可以存在，但是数量应当减少，与此同时，还需要在开展分层次教学工作时，促使不同层次的大学生都能够满足自身关于体育的基本需要。

第四，高校体育教师在面对一些专业不同的学生的时候，需要为其安排具有差异性的教学内容。比如，对于部分导游或者土木专业的学生来说，可以学习跆拳道、防身术、武术等体育项目，这样做是为了提高学生的身体素质，以便更加适应之后的职业要求，对部分舞蹈专业的学生来说，体育教学内容可以包括瑜伽、形体课等，这些与学生本人所学专业有着千丝万缕的联系的体育课程，能够在很大程度上帮助学生更好地促进自身发展。

（六）实施创新的教学方法

总的来说，与一般的教学方法相比，经过创新之后的教学方法虽然有一定程度上的相似，但是也有着属于自己的特殊性。对于体育教师来说，在对体育教学方法进行创新的时候，需要使其严格契合时代需求，把教育创新作为理论基础，坚持在创新教育当中积极培养学生的创新素质。

发现教学法的主要目的是要求教师在对学生进行教学内容的教学与指导的过程当中，通过以提供思路或者部分事实的方式，引导学生发挥自身聪明才智，建立独立思考的意识，锻炼自身独立思考与深入探索的能力，教师只需要发挥引导与鼓励作用即可，使得大学生能够完全通过自己的能力对这些问题进行相关原理与规律与掌握。教师精心设计教学方法，并为学生提供各类有效信息与相关条件，之后提出问题，引导学生进行解决，需要始终保持足够的耐心。充分激发学生对于学习的积极性、主动性，使得学生有着充足的兴趣深入学习，并不断探索学与练的方法和技巧。

问题教学法主要指的是教师在教学过程当中积极收集学生遇到的问题，并根据这些问题，带领学生进行研究分析，在不断的实验当中寻觅相关问题的解决办法。对于学生来说，在对部分问题解决的时候，也能有效培养并提升自身的创造性思维。

开放式教学法更重视对不同的结论进行选择判断，而不是对部分已经确定的结论进行机械性的背诵，重点关注现阶段已经存在的各种知识所表现出的动态性，以及能力结构表现出的稳定性。

使用讨论教学法就可以在体育教学的过程当中，按照人数或其他条件对学生进行小组的划分，之后引导学生就某一问题进行讨论与交流，最终实现教学的目的。一个小组中的所有成员都能够发言表达自己的想法，通过不同的意见对其他同学进行启发。

二、几种创新的体育教学法

（一）"成功"教学法

"成功"教学法是根据学生的实际情况和接受能力，适当把教授的技术动作转变为精华部分，降低难度，不过分追求速度、远度、准确度，激发学生以顽强的意志坚持把动作做好，并实施因材施教，让学生在完成动作的同时体验"成功"的乐趣和快感（体育课中经常能体验到快乐和自信的不到70%），以此给予鼓励，这样会激发他们昂扬的斗志和坚持锻炼的决心。部分学生对体育不感兴趣（近四成的学生对体育课兴趣一般或不喜欢），再加上看到同伴完成动作很好，自己内心就会排斥，有了坚持的意志和积极参与的态度，对技术动作的认识和探索才会自然而然地加强。

实施中，体育教师要为学生创造"成功"的机会，使其体验成功的快乐，激发追求成功的愿望，最终达到学生主动积极地自学自练的目的。但不可使用过度，处处都成功不但起不到激发练习的信心，反而会让学生"飘飘然"。

（二）"娱乐"教学法

不管是对学生的家长还是对学校的教师来说，体育或体育课的存在能够在很大程度上有效促进学生自身体质的增强。通过"娱乐"体育教学法，能够在一定程度上充分激发学生对于体育课的兴趣与期待程度，在这种教学方法之下，体育课能够充分激发学生参与其中的积极性。与此同时，种类繁多的教学内容、教学方式与组织形式促使学生以一种更加积极的心态深入了解各种体育知识，并更加顺畅地掌握相关技能动作加以掌握。对于体育教师来说，在教学当中应用"娱乐"教学法需要在课前多下功夫，寻觅教学中存在的有趣因素，使用相应手段进行突出表现，以便学生的主动性在教学过程当中被激发出来。值得注意的是，在体育教学当中应用"娱乐"教学法会导致体育教师面临十分庞大的工作量，但是也会在体育课教学中给学生带来有趣的感受，使其以饱满的热情积极参与到体育课的锻炼当中。另外，在体育课教学的过程当中，绝不应当只为了发挥娱乐作用而忽略关于学生的体质锻炼与技能的教学，要分清主次。

（三）"口诀"教学法

口诀法是体育教师在教学过程中，通过对技术要领的理解和反思，加上自身教学实践的经验总结，提炼出来的一种包含重要技术动作要领，以顺口、押韵的形式进行教学的方法。许多一线体育教师在教学实践中对自身教学进行不断总结和归纳，对所教动作的关键环节的技术要领进行反思，以类似"顺口溜"的形式总结成几句话，使用起来方便、快捷，学生容易接受。免去了讲解的啰唆和枯燥，学生在课后又能时不时地喊几句，促进加深记忆。

（四）群体激励教学法

群体激励教学法又称"智力激励法""头脑风暴法"，源于美国人奥斯本，是指通过集体思维共同激励的形式，引发众多反应，产生多种解决问题的设想的教学方法，类似于启发法和小组讨论法的叠加。首先是教师提出问题，其次让学生通过创造性思维和实践去探究，最后形成正确的答案或结果。在长期的应试教育影响下，有的体育教师不让学生主动探究新方法、新练法，不给学生自由表达、讨论的机会。群体激励教学法对培养我国传统应试教育下的学生的创造力和创新意识具有重大功效。学生在探索问题的同时就是在寻找解决问题的方法，再加上教师专门设置的一些疑难，迫使学生开动脑筋、启发思维，必然提升学生的创新意识和解决问题的能力。

（五）移植教学法

移植教学法就是"将体育教学方法直接的理论基础、普通教学论和其他学科的好经验、好方法，以及边缘学科涌现的新知识、新理论部分或全部地引入体育教学领域，并通过一定的改造而获得新的体育教学方法"。体育是一个特殊的学科，大量的教学方法来自教育学、心理学领域，练习方法来自训练学领域，这些学科内的教学方法在合适的教学步骤、练习阶段内都可以移植过来，丰富发展体育课堂教学。体育教师在运用移植教学法时，要视野开阔、酌情使用，做到"举一反三""异中求同"。体育教师丰富的知识面、发散的思维方式、教学经验的总结与反思是应用移植教学法的决定因素，切忌为求新而进行胡编乱造。

（六）难度增减教学法

难度增减教学法是指在不改变运动技术动作的结构和性质的基础上，对教学内容的难度进行增减调整。这种教学法在现实体育教学中经常使用，如跳纵箱前先练习跳山羊，肩肘倒立前先练习有人辅助练习，篮球罚球练习前先缩短距离练习等。一般都是先易后难，而一些训练课往往采用增加难度的做法，如有人影响下罚篮、故意抛不到位的球让学生垫等。难度增减法不但有助于教学进度的顺利进行，而且对消除学生的恐惧感、增加信心、提高抗干扰能力都能起到重要作用。现实体育教学中，难度增减法每时每刻不在用，关键是体育教师要适时适量、找准时机、把握次数、调控难度，这样的设置才会起到事半功倍的效果。

第三节 "素质教育"的教学新方法

一、高校体育教学观念的更新

体育教学方法是为实现教学目标和提高教学质量服务的。体育教学方法与其他学科教学方法最大的区别就是，体育教学方法是从竞技体育训练方法演变过来的，是一种以"训练"为主，而不是以教育为主的过程。传统的体育教学方法以运动技能的形成为中心，以运动技能学习指导为主要内容。研究体育教学内容的教学方法包括以教材、教师、课堂为中心，以教师为主导、重视教法的单向传递，强调健身功能，统一技术动作规格与标准，教学方法和形式单一枯燥。现代体育教学方法强调人的发展和社会的效应；课堂、社会、生活有机地结合；以教师为主导、学生为主体、教法与学法双向传递，强调学生的创造性、自学和自练能力；社会生活与个体需求相结合、健身与健心相互协调统一；重视学生的个体差异和个性的全面发展；教学方法和形式多样。第三次全国教育工作会议明确指出：高校教学方法改革要以启发式和讨论式为主，这从宏观上给高校体育教学方法改革阐明了理论依据。观念是行动的灵魂，教学观念对教学起着指导作用，更新教学观念是高校体育教学方法改革的首要任务。高校体育教育工作者要把教学观念统一到素质教育要求上来，不断推进体育教学方法的改革。

二、教学方法与内容改革要同步进行

辩证法认为，事物的内容决定事物的形式，内容是第一性的，内容通过形式来表现。体育教学方法的选择应该根据体育教学内容本身的特殊性来确定。当前，在很多高校体育课堂上，体育教师在教学方法上的单一性、简单化、形式化，有很大一方面是由教学指导思想陈旧、教学内容多、学生人数多、教学学时数少、场地器材不足等因素造成的。从目前高校体育课程的内容来看，智力因素的内容过多，而非智力因素的内容偏少，致使教学中只重视智力开发，而忽视非智力因素的培养，这是培养的人才难以适应社会需要的一个主要原因。

体育教学内容将从"以运动技术为中心"向"以体育方法、体育动机、体育活动、体育经验为中心"转移，但这并不意味着对运动技术教学的否定，而只是相对淡化课堂中的技术教学。不过，具体的教学内容将根据社会体育发展、学生个体的需求以及学校的教学条件等进行调整。非竞技运动项目、娱乐体育项目及个人运动项目的内容比重将有所加大。内容的广度将拓宽，包括理论、技战术、保健、身体素质等，呈现出多样化的趋势。内容的深度强调可接受性，突出健身性、娱乐性、终身性、实用性，吸引学生主动地参加体育学习和锻炼。体育教学内容的改变也必然会带来教学组织形式和教学方法的改进。

三、综合性地选择教学方法

过去我们在选择教学方法时，很少考虑到学生思维力、创造力的培养，更多考虑的是运动技术教学目标的实现。现在高校强调多种教学方法的有机结合和现代化教学手段的运用，比如，在体育课堂上采用多媒体技术进行教学，图文并茂、声像俱佳、动静皆宜的表现形式会加强学生对抽象事物与过程的理解和感受，从而将课堂教学引入全新的境界，达到事半功倍的效果。多媒体教学软件在体育课中的适时应用，不但使学生学到了体育知识，加深了对所学动作技术的理解、记忆和掌握，而且培养了他们主动思考、观察的学习能力，提高了体育课的教学效率。另外，素质教育的突出特点就是学生的主体性问题，更看重学生的个体差异性。因此，因材施教尤为重要。要因材施教就应采用小班教学，教学条件不允许，则可以采用分组教学，组的划分可以考虑到学生不同的体育水平，让学生确定不同的目标，采用不同的方法，提出不同的要求。

四、更新体育教学评价方法

考试方法的改革是教学内容和方法改革的先导。现代体育教学评价应该是一种以提高学生体育能力为中心，将考"结果"和考"过程"相结合的综合性整体考试评价方法，既考虑学生原有的体育基础，又注意到经过实践后学生体育水平提高的幅度，同时还注重个体差异，把技术考查与学习锻炼方法、健身养护知识和该项目未来发展趋势结合起来。这样的考核方法，对参与学习的主体提出了全方位的要求，同时也对教师的教学能力提出了更高的要求。

体育考试既可以检验学生的学习成果，也是提高他们体育素质的重要手段。同时，学生既可掌握体育理论及相关知识，也能发展自身的体育能力，完善体育综合素质，树立健康第一、终身体育的理念，使体育教学走到素质教育的轨道上来。

第四节 "生态教育"的教学新方法

一、创新与优化教学目标

（一）培养个体的社会交往能力

生物都生活在一定的生态环境中，与一定的生态因子发生联系，并且与其他生物以互利共生、中性或互害等形式共存。以生态理论中联系和发展的观点为原则，在体育教学目标的制定中，要注重对体育教学中的社会交往能力、学生竞争能力、对规则的遵守和合作能力的培养。

参与体育活动的过程是在与同伴的默契配合、与对手的斗智斗勇、与大自然的融合中获得心理满足的过程，不仅满足了人的自尊心、自信心和自豪感，而且扩大了人们社会交往的范围，满足了人们交往、合作的需要。不同肤色、不同民族、不同语言、不同信仰的选手只要一踏入赛场，他们之间就建立了友谊，结成了朋友。

一场体育比赛可以使人们从陌生到相识，从相识到相知；一个精彩的动作甚至可以使得全世界所有的人为之深情陶醉、欢呼雀跃；在体育赛场上，国家之间的矛盾冲突得以淡化，社会制度已经不再是交往的障碍，体育成了人们沟通的桥梁和全世界的通行证。

在社会主义市场经济条件下，人与人之间的利益关系越来越明显，体育的经济价值也日益受到人们的关注。体育的经济价值不仅在于体育活动本身带来的经济利益，更主要的是，它把公平竞争的体育原则引入了市场经济之中，改善了人们的经济关系。人们在竞争中逐步认识到公平竞争与合作双赢对利益双方的重要作用。体育竞争的原则促使着人们不断地向健康的经济利益关系迈进，对纯洁社会关系、净化社会环境也起到了促进作用。

随着社会生产力的不断发展、社会物质财富的不断增加，人们的工作时间越来越少，自由支配的时间越来越多，人们可以按照自己的天赋、特长、个性、爱好自由选择体育项目，强身健体、愉悦身心，自由全面地发展自我。在体育运动中，人们既是普通的参与者，又是各方面的社会活动家，不再受民族、阶级、地域、分工的束缚，广泛地参加各方面、各层次的社会交往，从而形成了个人社会关系的高度丰富和全面发展，为最终实现个人对社会关系的全面占有和共同控制奠定了良好的基础。

（二）发展学生的社会适应能力

生态系统中的生物通过生态适应和生态进化，与环境相适应。个体在现代生活中，也需要一定的反应机制对环境要求进行适应。体育能促进个体自我调节的机制。人的健康机体是一个稳定的统一体，良好的情绪和平稳的心理状态，有利于保持和促进整个有机体的稳定和平衡。经常参加体育运动的人可以随时转移注意力，及时调节意志消沉和情绪沮丧等不良情绪和心理状态，保持心情舒畅、精神愉快，使机体成为一个良好情绪的储存器，积蓄积极力量，并积极培养良好的意志品质和高尚的道德情操，使人的认知、情感、意志等心理因素得到健康的发展，从而使人的身心保持最佳状态。

体育运动能够把道德教育的内容融入其中，使受教育者在不知不觉中受到道德教育，提升道德层次，培养道德素质。比如，拔河比赛需要步调一致、齐心协力，体育游戏需要分工合作、规范秩序，同场竞技需要公平竞争、顽强坚毅等。而且体育运动能够激发爱国热情，振奋民族精神，凝聚民族力量，融洽民族感情，从而促进整个民族思想道德素质的提高。同时，体育是教育的重要组成部分，能够向受教育者传授有关身体健康和体育运动的基本知识和技能，并使人们在学习和训练的过程中提高文化素质和运动技能，养成良好的运动习惯。所以在体育教学中，要注重培养个体对环境变化和现代生活要求的适应能力。

（三）重视体育运动能力的培养与运用

第一，制定培养大学生体育运动能力的课程目标，增强对大学生体育知识、体育技能和体育技术的传授。一方面，有利于增强学生身体素质，为发展终身体育提供健康保证；另一方面，有利于促进大学生运动技能水平的提高，激发学生的体育兴趣，自觉参与体育活动，养成良好的体育锻炼习惯。

第二，制定大学生对于体育运动技能的运用能力的培养目标。体育课作为高校的必修课，在大多数高校的培养计划里都有2年的学习任务，也就是说，大学生有足够的时间去学习并较好地掌握至少一项体育技能。

所以，高校应制定培养大学生体育技能的运用能力的课程目标，并把它放到与提高学生体育技能的目标同等重要的地位，学生只有能够熟练地运用体育技能，才有可能将其发展为终身体育，这也是高校体育可持续发展的重要目标。

二、创新与优化教学内容

（一）丰富高校体育项目

生态系统物种的多样化是生态系统平衡和自我调控的一个重要条件，在体育教学中，单一的项目教学会影响体育教学目标的实现。高校应根据学生的能力、特点、兴趣爱好以及时尚潮流，适当增加高校体育教学课程项目。如果可供选择的体育项目丰富了，学生就可以选择到自己感兴趣的体育项目，这样势必会增强学生体育学习的兴趣和积极性，教育者们也可以获得更大的选择空间，减小教学压力。同时，学生通过自主选择，可以切实找到自己喜爱并合适的运动项目，主动参与到体育锻炼中，积极学习并掌握相关体育项目的技术、技能与知识，从而提高科学体育锻炼的水平和自我提升体育技能的能力。

因此，高校应当在时代发展的需求和特点的基础上，设置新颖且具有时代意义的公共体育课程内容，引进一些富有活力、健身性好、时尚新颖、攻防对抗性、安全易行的运动项目，如网球、台球、散打、登山、野营、攀岩、远足、定向越野、瑜伽、跆拳道、拳击、健身运动（健美操、形体操、形体）、沙滩排球、软式排球、篮球宝贝、体育舞蹈、街舞、高尔夫等一系列体育运动。在兴趣的引导下，这些项目不仅能满足学生体育兴趣需求，而且有助于学生健康生活方式和终身体育习惯的养成。

（二）增加民族传统体育项目

民族传统体育项目中的"天人合一"、重视道德在体育中的重要价值和与自然节气相适应的理念是具有生态思维的理论。相对于重视身体运动能力和技能发展的西方体育文化，中国的民族传统体育重视体育对人的全面发展和人与自然的和谐发展。

在高校体育教学中增加武术、传统节庆体育项目等,既能提高学生运动能力,增强体质,也能培养学生尊重自然、适应自然的理念。

(三)重视体育理论和方法论的教学

生态系统中结构与功能的整体理论强调,要系统实现其目标和功能,要有完整和优化的结构。在体育教学中,除了体育技能学习外,人体科学的理论教学和体育训练的方法论的教学也是重要的组成部分。

当前我国高校体育教学中对体育理论课教学所占课时偏低,甚至很多学校根本就没有开设体育理论课。一方面是由于高校体育教师忽略了体育理论学习对帮助学生掌握体育知识和技能的重要性,另一方面是因为我国高校体育理论知识系统发展不完善。从生态视野下创新和优化高校体育教学模式,提倡在高校体育教学内容中适当增加体育理论知识学习在体育课堂的比例。另外,要注重完善高校生态体育理论的内容和范围。通过生态体育理论教学,使学生学会根据自身情况进行科学锻炼,掌握基础的运动康复保健知识,以及在体育运动中学会自我保护和基础护理。

三、创新与优化教学方法

(一)实现教学手段的多样化

什么是既能够满足作为教学主体的大学生的需求,又能体现生态思想的高校体育教学方法呢?本研究从科学化、个性化、兴趣化角度出发,因地制宜、因人制宜地进行教学手段的创新。

科学、客观地实施体育教学满足个体技能与身体的协调发展,将两者有机组合能发挥人体最大体能,这能促进大学生更有效地掌握科学的健身方法。照顾个体差异,以人性化为切入点进行教学方法的创新,既考虑了个体运动方式的合理性,也考虑了每种方法对身体机能的适应程度。个性化的体育教学方法创新注重以个体性别、年级、学校、地域的差别为依据进行统一划分,以达到关注个体全面发展、多层次发展、多样化发展的目的。兴趣是最好的老师,只有提高了个体运动的兴趣与热情,将教学方法创新聚焦于个体的创造源泉,在施教过程中不断增强和磨炼个体创造意识,才能真正地将体育锻炼转化成人本能的原动力。

（二）实现学生主体的个性化

社会不断发展、科学日益更新，新鲜事物层出不穷，我们能时刻感受到社会在进步，人们的生活水平日益提升，与此同时，人的个性也在随之改变。教育水平是衡量社会发展与进步的一个重要指标，现代教育制度愈来愈重视个体实际情况的发展，通过从不同方面弥补个体发展的差异与不足，从而实现个体自身的提高与充实，满足个体的个性发展。因此，高校体育教学工作也要遵守这一宗旨。本研究所强调的体育个性，即学生个体在运动过程中实现自我掌控与调节的能力，以期实现自我的平衡。据悉，我国中小学校已逐步开展阳光体育、健康体育等工程项目，其目的在于丰富每个学生的学习形式，吸引更多的学生参与到体育活动与实践中，达到强身健体的目的。在活动实践过程中，教学者要注意挖掘学生的兴趣点，因材施教，使其将自身优点与特长得到最大限度的发挥，这就要求高校体育教学内容承上启下，承前启后，为学生个性发展提供平台，并通过此平台最直接地展现每位学生的个性魅力。体育活动锻炼的方式是最能体现个体个性的，因此，在体育方法创新与改革中，要注重个体活动实践过程中个性的发展，从活动中体验到体育实践带来的乐趣与享受，领悟到体育运动的真谛。

高校体育培养宏观目标旨在培养未来社会的建设者和接班人，要为学生的个性发展提供合适的空间，要满足每个个体的发展。若每个个体都能了解自己的所在层次与能力的水平，那么就达到了体育教学的普及性要求。体育教学方法革新，需要遵循终身性发展的要求，为不同个体寻找符合自身发展的终身运动，实现参与目标、技能目标、身体健康目标、心理健康目标和社会适应目标。

（三）实现教学方法的现代化

体育教学现代化是教育现代化的重要标志，因此，作为高校教育者更应提倡与鼓励这种教学方法。体育教育是教育教学的重要环节，对学生身体素质与终身体育的要求也越来越具体化，除了日常体育课程教学、课外活动教学以外，对学生体育理论方面的知识、对比赛组织与裁判规则、自我锻炼指导与体育竞技、体育欣赏等方面内容提出了更高、更具体的要求。学生体育活动内容越来越丰富，体育竞技项目越来越普及，相对应的运动项目的实施、开设、场地、器材、教师教学能力的要求也越来越高。

其一，它实现了高校体育教学知识内容从"灌输"到"启发"的转变，注重对学生创造性与实践能力的培养，实现了从体育技能学习到体育知识发展的过渡，有助于实现学生终身体育意识的形成。

其二，体育网络教学模式的实施，既实现了高校公共体育教学由课内向课外运动的目标的延伸，提高了体育教育生活化程度，又有利于学生自我体育活动分配的形成。学生有了网络体育教学辅助，可以根据自身情况安排课程、选择课程，可以反复对教学课程进行学习与研讨，也可以根据不同场地如寝室、图书馆、教室进行时空的突破，使"教育生活化"不再是空想。

其三，完善与健全高校体育学习系统网络平台。网络平台是一个庞大的资料库，汇聚各地高校、体育部门、图书馆等优质资源，为高校师生学习体育知识，了解当前体育相关发展动态、体育赛事等，提供最直接、最便捷的途径，既有利于实现师生互动，也能更快地实现体育教学目标。

四、创新与优化教学评价

（一）树立生态评价理念

促进学生更快地适应社会，更快地实现社会对人才培养的需求，促进学生健康水平与素质的提高，是高校体育教学进行评价的主要目的之一。因此，更新与创新教学评价方式是一种有效的途径。教学评价是一个系统、复杂、多层次的价值判断过程，需要达到各方面的有效衔接与融合，需要广泛借助各类综合指标手段，准确并快速地判断学生、教师、其他教学管理工作者的行为，并将量性评价与质性评价进行有机结合，最终作出合理解释与总结，突出体育教学过程中的重点、难点，充分利用评价机制，有针对性地从整体解决体育教学工作中遇到的各种问题，各个击破。

（二）发挥评价对象主观能动性

评价的对象在评价体系中的地位是至关重要的，因为评价对象中学生群体与教师群体具有复杂性，所以应综合考虑其特殊情况。评价既要关注教师的职业处境与需求，又要最大限度地激发教师在生态中的主体地位，发挥教师的主体意识，敦促其成为评价工作直接参与者。此外，充分激发学生的运动热情，激励学生的主动参与意识，提高学生的运动积极性与主观能动性，将学生个人运动水平等指标纳入评价体系，促进其主动接受评价结果，将潜力发挥到极致。

（三）建立多元化评价标准

生态视野下创新和优化高校体育教学模式应当以促进学生全面发展为导向，构建立体型、多元化的学习评价体系。

首先，高校体育教学评价要从单一性的考核方式转向过程性评价、终结性评、学生自评、学生互评等多种形式结合的方面发展。通过这种评价方法，促进学生个性的发展，注重质的分析，把对学生个性发展有意义的东西作为评价的对象，强调评价过程的开放、透明、互动和评价主体间的双向选择。师生公评、互评都能使学生明确自己的优缺点，体现对人的尊重。

其次，评价内容要多元化并注重个体评价，淡化一般性评价。建立多元评价标准，要求教师以更加宽容、大度的心态去解决学生的质疑和难题，站在学生个性化角度，换位思考，用心灵和实践去体会学生内心的感受，做到师生之间零距离。

最后，教师应随时注意学生心理、个性、人格的发展趋势，了解个体学生对错综复杂的社会环境的适应能力。从横向、纵向方面，细节和全局方面进行对比。在此基础上，从动态性、系统性、开放性方向建设促进学生全面发展为导向的立体型、多元化的学习评价体系。

第五节 "寓乐于体"的教学新方法

一、"寓乐于体"理念下体育教育目标

（一）增强体质，全面发展身体素质

随着"寓体于乐"理念的提出，很多学者纷纷投入到快乐体育运动的相关研究中，促进学生的全面发展成为每个体育研究者关注的重点，各种有关学生心理健康、情感发展及社会适应能力的研究层出不穷，但作为生命健康的基础——身体健康却被一些人忽视了。身体健康是一切健康的基础，高校公共体育课程的具体目标要把增强体质、全面发展身体素质放在首要位置，坚持常抓不懈，将"寓体于乐"提出的"达标争优、强健体魄"的健身目标贯穿于公共体育课程的始终，在教师的指导下积极、主动地参与体育锻炼，掌握至少两项体育项目的运动知识、技术、技能及评价体质健康标准的基本知识，掌握科学锻炼身体的方法及对运动损伤的预防处理方法，形成健康的生活方式，从而真正发挥高校公共体育课程的作用，达到改善生理机能、强健体格、健美体型、增强对疾病的抵抗能力和对环境的适应能力，掌握科学的体育锻炼方法，保持健康的体魄。

（二）健全人格，缓解心理压力

现代社会是一个对人的生理、心理、人际关系等全面要求的社会。在社会快速发展的今天，人们的生活节奏越来越快，竞争越来越激烈。体育运动作为调解人们内心压力的一大法宝扮演着重要的角色，公共体育课作为体育运动的主要组织形式肩负着重要使命。因此，在"寓体于乐"教育理念下，高校公共体育课程目标在发展学生身体健康的基础上，注重学生心理健康的发展，注重培养学生具有良好思想道德品质，具有爱国精神、社会责任感、团结协助、遵纪守法、公平公正、文明礼貌的道德品质，培养良好心理品质，发展个性，具有自尊心、自信心和克服困难的坚强意志品质，具备承受压力和挫折的能力，勇于接受各种挑战，学会通过体育活动来调控情绪，培养善于与别人进行交往和合作的能力，具备组织能力、管理能力及独立解决问题的能力，为以后参加工作打下坚实的基础。

（三）激发兴趣，培养终身体育能力

在"寓体于乐"教育理念下，高校公共体育课程对学生的要求不仅仅停留在身体和心理方面，更包含对学生终身体育能力的培养，使学生能够"走进大自然、走到阳光下、走到操场上"，自觉地进行体育锻炼。高校公共体育课程作为学校体育与社会体育的中间环节，起到桥梁和纽带的作用，为学生终身体育锻炼习惯的养成起到重要作用。因此，在高校公共体育课程目标设置过程中，应始终坚持以学生自主发展为中心，激发学生参与体育运动的兴趣，培养学生终身体育锻炼的意识，养成终身体育锻炼的习惯，为以后培养终身体育锻炼的能力打下坚实的基础。

在高校公共体育课程目标设置的过程中，应注重对各种体育理论知识、各种运动技术技能、锻炼身体的方法及运动损伤处等理论内容的设置，将课外体育活动、体育俱乐部引入到高校公共体育课程中来，使其成为课程体系的一部分，并且增加课外体育活动及体育俱乐部教学在整体目标中的比重，对体育社团进行正确引导，给予相应的资金、体育设施支持，加强对体育社团的管理，形成体系，使其朝着正规化、秩序化的方向发展，使课堂教学、体育俱乐部教学和课外体育活动"三位一体化"，使学生在参加体育活动时有体能作支撑、有理论作依据、有形式多样的体育活动作保障，形成自觉锻炼的意识，养成终身体育锻炼的习惯。

二、"寓乐于体"理念下课程内容改革原则

（一）可行性与科学性相结合的原则

可行性是体育课程内容开发的重要保证，科学性是体育课程内容现代化的重要体现。高校公共体育课程内容开发，应以"寓乐于体"的宗旨为主导。按照相应课程目标的要求、体育项目的特点，各地区、各学校的地理位置、民族特点，学校相应的体育师资、体育设施，遵循大学生身心发展规律、兴趣爱好及运动发展的规律，紧跟时代发展的步伐，引进学生喜闻乐见的新兴运动项目，充分调动学生学习的积极性和主动性。

随着现代化技术的飞速发展，计算机技术、互联网技术被广泛应用在体育教学过程中，给体育教学带来了生动形象的技术呈现及丰富多彩的视觉体验。改革的产生应立足于现实，脱离了实际的改革等于空中楼阁。因此，在课程内容选择上要坚持科学性与可行性相结合的原则，充分挖掘适合本校特色的体育运动项目，在追求时尚的同时不脱离实际条件。

（二）统一性与灵活性相结合的原则

统一性是相对于大部分地区、大多数学生而言的，灵活性是相对于特殊地区、个别学生而言的。

首先，我国幅员辽阔，各地办学条件差别大。若过于强调统一，便会使课程内容脱离当地实际，不利于调动地方学校和学生的积极性。因此，高校公共体育课程内容的确定，应该根据当地学校的办学特色、办学理念、办学宗旨，同时考虑学校的客观因素，如场地设施、经费投入等，开设具有学校特色的校本课程。例如，依山的地方开展登山、攀岩课，东北地区开展滑冰、滑雪课，南方地区或者是沿海地区开展游泳课等。这既有利于传统体育运动项目的继承与发展，又有利于提高学生参与到体育学习中来的积极主动性，从而保证学校体育在立足于校本课程的基础上朝着时代的方向向前发展。

其次，不同的学生在同一阶段，其身体发展状况不尽相同。有的学生先天体育素质好，反应灵活，学习各种项目比较得心应手，而有的学生先天素质较差，需要经过一定的努力才能达到与先天体育素质好的学生相同的水平；有学生在速度性运动项目上占据优势，有的学生在耐力性运动项目上占优势；有的学生在柔韧性上占优势，有的学生在爆发力上占优势；男生比较喜欢对抗性的运动项目，而女生比较喜欢柔美型的运动项目等。所以教师在教学过程中，不能以统一的标准来选择课程内容，要始终坚持统一性和灵活性相结合的原则，在保证基本的必选科目的基础上，设置灵活多样的教学内容，以便学生自由选择适合自己的运动项目，充分挖掘每个学生的潜力，关注每一个学生，使每个学生在学习过程中真正体会到运动带来的乐趣。

（三）健身性与文化性相结合的原则

任何一种知识体系都是建立在一定的世界观和方法论的基础上的，体育的基础在于体育文化。没有文化形成不了体育，也发展不了体育。我们不能简单地把高校体育看成是跑、跳、投以及各种球类活动。体育运动的健身性是我们所熟知的，也是高校公共体育课程内容所应保证的。"寓乐于体"教育理念给高校公共体育课程内容注入了新的活力，课程内容在选择时始终坚持以"健康第一"为指导思想，增加相关理论知识内容，使学生对体育有一个更加客观、全面的认识，对所学内容能够系统掌握，真正体会学有所用。鼓励学生开展相关体育知识讲座和知识问答竞赛、组织体育运动图片展、观看各种体育比赛等，促进高校体育文化的建设，营造高校体育文化氛围，发展高校体育文化，从而培养学生正确的体育观，为以后的终身体育锻炼打下坚实基础。

（四）发展性与终身性相结合的原则

高校体育是学生进行正规体育学习的最后阶段，高校体育课程内容在选择时，既要考虑学生的时代发展特点，强调发展的即时性，也要考虑学生的未来生活，重视教学内容的延迟性价值。高校公共体育课程内容所要求的发展性，并不是盲目、随意的发展，而是在统一基本任务与要求的原则下，在高校公共体育课程目标的指导下，在教师科学有效的教授下，学生积极主动地参与到体育学习中来，达到生理、心理、社会适应能力等各方面的发展。但是，高校公共体育课程内容在注重学生各方面发展的同时，也不能忽视对其终身体育思想的培养。因此，在体育教学中，我们应选择那些深受大学生欢迎、能丰富高校体育活动内容和活跃大学生体育文化生活的、具有强烈时代气息的体育课程内容，让学生在欢快愉悦的教学环境中，自觉形成终身体育意识，养成终身体育锻炼的习惯。

三、"寓乐于体"理念下体育课程内容趋势

（一）课程内容应具有层次性

为适应"寓乐于体"教育理念的要求及学生身心发展的目标，根据学生的生理条件、技术基础、个人兴趣和发展需要，可以基础班教学、发展班教学两个层次为主来组织安排课程内容。健康体质测试不能达标的学生，可以选择基础班教学内容，主要学习基本技术、技能及相关理论知识，在教师的指导下提高身体素质，掌握基本的运动能力，达到锻炼身体、增强体质的效果。通过一定的考核合

格者，可以进入发展班学习，课程内容设置以发展学生的运动兴趣为主，体现学生的主观能动性。学生根据自己的兴趣，在体育选项课中学习自己喜欢的运动项目，使自己在基础班教学中不能满足的愿望得到满足，从中掌握一项专项技能，对于开展课余锻炼、缓解心理压力、培养自信有极大的帮助，从而形成体力充沛、健康的生活方式。不同层次、不同形式的教学内容满足了广大学生的身心需要，为养成终身体育打下坚实的基础。

（二）课程内容应具有多样化

在"寓乐于体"教育理念下，高校公共体育课程应增加反映当代体育健身发展水平和以多学科交叉为主的教学内容，拓宽学生的知识面，增强学生的技能，以适应学生综合素质的提高。这既是时代发展的必然要求，也是阳光体育运动的精神所在。在课程内容设置过程中，大学体育教师要紧扣时尚体育脉搏，把握大学生对当代体育的需求，在学校条件允许的情况下，因地制宜地引入并壮大体育课程的内容，设置灵活多样、内容广泛的新兴体育项目、民族民间传统体育项目和娱乐性体育项目。新兴体育项目，如攀岩、拓展运动、有氧操、定向运动、体育舞蹈等，体育教师认真研究新兴体育项目的运动特点，科学合理地组织传授，使学生对新兴项目全面理解。我们在积极探索高校公共体育课程内容创新性的同时，不能忽视对民间民俗体育项目的挖掘，积极开展这些富于民族特色的体育项目，传承中华民族的宝贵财富，如武术、舞狮、舞龙、龙舟、腰鼓、秧歌等。对高校体育课传统项目以及体育竞技项目的开发，也是开发高校公共体育课程内容的一条重要途径，实现体育传统项目的趣味性、娱乐性，体育竞技项目的亚竞技性的转变，大力开展类似于自行车慢骑、托球跑、跳绳、跳皮筋、踢毽等趣味性竞赛，同时，降低竞技体育比赛项目的规则标准和难度（如把排球比赛6对6改为9对9或降低球网高度），这样不仅有利于提高学生的积极性、主动性，培养学生参与体育锻炼的兴趣，还能够活跃课堂气氛，有利于高校公共体育课程教学目标的实现，完成课堂体育教学，提高教学效率。

（三）课程内容应具有实践性

某一理论是否具备可行性，需要进行实践确认，高校的公共体育课程的内容亦是这样。课程的理论内容只有结合教学实践，才能够发挥出它的真正价值。如果高校公共体育课程内容实践性不足，就会失去意义。高校公共体育课程内容要始终牢牢抓住实践性健身理念，促使课程内容和现实社会生活建立紧密的联系，并做到深度契合。

因此，高校公共体育课程在内容选择上要立足于现实，从长远利益出发，充分考虑到学生的心理需求和兴趣要求，选择实用性较强的体育运动项目，如游泳、野外生存、女子防身术、跆拳道、擒拿、格斗等，使学生在参加课外活动或者遇到突发性事件中能学有所用，使体育的价值真正得到体现。

四、"寓乐于体"理念下体育课程教学方法

（一）"寓乐于体"理念下教学方法选择的依据

1. 依据教学目标选择教学方法

体育课程目标对教学方法的选择具有指导性的意义，体育教学方法要根据课程目标而有所不同。如果教学目标强调对体育理论知识的传授，则可相应采取以语言传递信息为主的讲解法；如果教学目标强调以发展学生的体能为主，则可以采用以实际操作练习为主的教学方法；如果以培养学生的合作精神、人际交往为主要教学目标，则可以采用以比赛活动、教学游戏为主的教学方法。在"寓乐于体"教育理念下，体育课程目标应既包含增强学生体质方面的目标，也包括培养学生健康心理方面的目标，还包括提高学生社会适应能力、养成终身体育锻炼习惯的目标。因此，在体育教学过程中，体育教师应该明确相应的教学目标，根据不同的教学目标来选择合理的教学方法。

2. 依据教学内容选择教学方法

在体育教学中，教学内容占有主要地位，它对体育教学活动具有决定作用，不同的教学内容需要使用不同的教学方法。比如，在讲授一些新鲜的内容的时候，可以使用讲解法和示范法，在对一些旧知识进行复习的课程当中，可以使用循环练习法和重复练习法，对在动作上表现得较为单一且很难进行分解的教学内容，在教学的过程当中就可以使用完整法，对虽然表现得比较复杂，但是能够进行分解，且分解之后不会影响理解与掌握的内容，很多时候可以选用分解法进行教学。对于体育教师来说，在教学过程当中对于不同的教学方法应当做到灵活把握，对

于不同的教学方法的选用，需要在充分了解不同的教学内容所具备的特点要求之后决定。

3. 依据教学设施选择教学方法

教学设施是体育教学得以顺利进行的物质基础。在高校体育课中，体育设施是体育教师进行课堂教学活动必不可少的重要工具之一，也是实现"健康第一"指导思想和素质教育目标的必要保障。我们所讨论的教学设施包括学校体育教学器材和场地设施等。这些设施的配置和使用直接关系到体育教学质量的提高及学生身心健康的发展。体育教学设施良好，就能够促使体育教学方法充分发挥自身作用；较差的体育设施会在很大程度上阻碍体育教学方法功能作用的发挥。另外，室外场地也是一种重要的教学资源，羽毛球、网球以及乒乓球等运动需要足够的场地才能够开展，且室外的环境因素会对教学效果产生较大的影响。在室内体育馆教学，可以降低周边环境对相关体育活动的不利影响，进而更好地使用相关的体育教学方法，有利于增强教学效果。若是没有室内场馆的保障，体育教师就难以组织好相关教学，最终也就难以取得理想的教学效果。

（二）"寓乐于体"理念下教学原则

1. 以学生为主体，培养创新能力

学生是学习的主体。教学方法的运用，不应该只强调教学结果的完成情况，而应该落实到学生的身心发展上，在传授知识的过程中，更加注重学生创新能力的培养，而不仅仅是对技术动作的掌握。体育教师在教学过程中，要注重探究式、研究式、激励式教学方法的运用，鼓励学生不拘泥于接受教师传授的知识，要善于思考、勇于发问，通过实战练习总结经验、推陈出新，使新思想、新观点、新技术战术不断涌现。只有教学方法不断创新，教学效果才更见成效。科学合理的教学方法，会使学生的主体性得到发展、自信心增强、创新意识不断提高，越来越喜欢上体育课，从而摆脱了喜欢体育不喜欢上体育课的矛盾心理，真正体验到运动的乐趣，养成终身参加体育锻炼的习惯，最终使教学方法在教学实践中不断优化，学生在合理的教学方法中身心得到全面发展的双赢效果。

2. 尊重学生的个体差异

由于学生的身体素质、学习能力、认知水平等各方面都存在差异，因此教师在教学过程中，应该合理运用体育教学方法，尊重并关爱每一个学生，强调尊重与赞赏、突出引导与帮助等，培养每个参与体育学习的学生的兴趣。首先，对部分天生体质弱的学生多鼓励，给予表扬和夸奖，帮助他们建立自信心，对性格比较内向的学生多提供展示自我的机会和平台，培养乐观开朗的性格；其次，根据学生所学专业及今后所面临工作的不同，教师尽可能选择一些适应学生专业特点的教学方法，如对于机电类、机械类、计算机类等专业的学生，应重点训练其手指的灵活性、上肢的动力性等，对于旅游、护理专业的学生则重点发展其下肢的耐力性、上下肢的协调能力等。唯有如此，才能调动每个学生参与体育运动的积极性，确保每个学生受益。

3. 注重学生情感发展

根据现代教学论的观点，所有的教学活动都应保证学生的心理状态能够朝着期望的方向不断前进，由此才能够真正实现定向培养的目的。在教学过程中，教师需要充分彰显自己的人格魅力，之后使用合适的教学方法，为学生营造良好的学习氛围，以确保整个教学过程洋溢着情感的活力，进一步增强教学的实效性。对于教师来说，在教学的过程当中需要始终坚持平等友爱，对学生的身心健康加以关心爱护，坚持换位思考，重点对学生的团队精神加以培养，使得学生逐渐养成不怕困难的精神，在学习的道路上顽强拼搏，敢为人先，重点培养学生乐观向上的进取心。比如，可以在教学过程当中采用换位式教学法，使学生以"教师"的身份面向同学开展教学，由此就能够使学生明晰教学的整个过程，并在一定程度上充分锻炼自身的教学能力，使学生的独立能力和实践能力得到了培养与提升。并且，教师还能够从学生的多种创新性教学方法当中获得灵感，进而促使教学方法得到更新，教学质量得到提升，促进学生在教学活动中积极性与主动性的发挥。

4. 合理运用现代化教学手段

伴随着科技的发展以及信息技术的普及应用，越来越多的教学当中开始使用现代化的技术，这种改变也在很大程度上获得了人们的认可与欢迎，现代化技术如今已经开始与体育领域充分融合，而且众多体育教师也对其表示了欢迎的态度。在体育课堂教学当中应用现代化技术，能够有效提升教学内容的丰富程度，增加各种有用信息的密度，最终增强学生的接受程度，并获得提高教学效率的良好教学效果。在教学当中，通过利用相关技术，可以在课件当中面向所有学生展示各种运动技术的难点的总结，其中还包括最可能出错的各种动作，以一种更加直观的形式，使得学生对其有着更加深刻的认识与理解。与此同时，这种教学方式还能够活跃课堂气氛，增加相关知识的趣味程度，进而充分激发学生的学习兴趣与学习积极性。比如，体育教师可以带领学生仔细观看一场篮球比赛，使得学生更加仔细地观察并学习不同运动员的技法与动作，以此为榜样，主动进行模仿与练习，由此就能够在一定程度上提升自身的技术、技能，并促进自身观赏能力的提升。

五、"寓乐于体"理念下体育课程评价

（一）运动技能的评价

为了客观公正地评价学生对于运动技能的掌握情况，在高校公共体育课中对运动技能进行考核的时候，需要在确保统一指定考核项目的前提下，添加若干自选项目。

所有学生受到教师的引导，完成指定的项目评估工作，并且，还能够根据各自专长，择项考核。一些体重过重且自身力量不强的学生，可以选择一些投掷类的项目，而对身体较为瘦弱、绝对力量也比较弱的学生可以选择一些技巧性的项目。这种方式能够帮助学生充分发挥出自身优势，更有底气面对之后的考核，进而以一种积极的姿态更加主动地去实践自己将要考的项目，为之后的终身体育锻炼奠定良好的基础。

（二）学习态度的评价

在体育课程的学习当中，不同的学生在身体素质、知识接受能力、动作掌握能力等方面都存在一定差异，所以，公共体育课程评价中最重要的一项评价就是学生的学习态度。

在教学过程当中，教师可以随时随地对学生的学习态度进行评价。对于部分学习态度端正的学生，教师可以给予其一定的鼓励。此外，教师还需要将这些评价进行汇总，以便为最终的评价提供参考。之所以采用对学生的学习态度进行评价这种方式，是因为这种评价方式能够确保体育知识与技能掌握得又好又快的学

生不至于因为自身的优秀而在课堂中放纵自己，并且对部分身体素质较差的学生进行鼓励，使其在之后的学习当中努力发挥出自身勤奋的特性，以勤补拙，由此就能够促进学生以一种更加积极的态度进行学习锻炼。

（三）心理健康的评价

根据专家、学者的研究与论证，体育活动的存在能够在很大程度上促进运动者的身心健康发展，所以说，在体育课当中存在的体育课评价，应当重点关注对学生心理与情感进行评价分析。

（四）课外体育活动的评价

做好课外体育活动的评价工作至关重要。学生通过参加课外体育活动，可以把在课堂上学到的知识应用到实践中，使在课堂上没有掌握的技术动作得到提高，技术动作更加应用自如，从而真正体会到学有所用的乐趣，培养对体育的兴趣和爱好，提高自我锻炼的能力，为终身体育奠定基础。

第四章　高校体育教学的新载体

信息技术的发展日新月异，体育教育领域引入现代化教学方法，丰富了课堂的表现形式。本章主要阐述了高校体育教学中多媒体技术的应用、微课教学方法的应用、慕课教学方法的应用以及翻转课堂教学方法的应用。

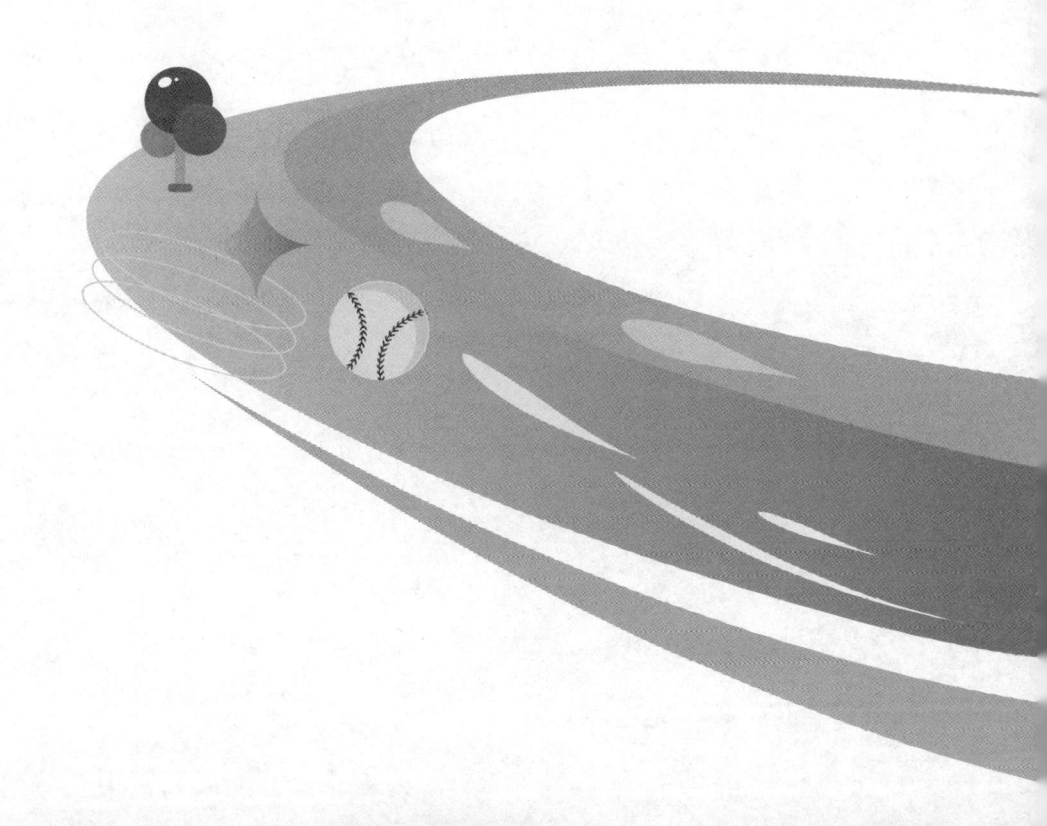

第一节　多媒体技术的应用

一、多媒体教学技术的特征

（一）多媒体教学技术的多维性特征

众所周知，多媒体技术具有多维性特点，也就是具有扩展信息范围的空间处理、加工能力，同时，这种多维性的功能可以及时转换、处理以及录入信息，从而快速提升输出信息的表现能力，进一步充实和丰富显示效果。随着信息技术的不断发展，多媒体已经成为现代教育工作开展的重要工具之一。借助多媒体系统，学生既能深入地学习文本知识，观察静止图片，又能够清楚地观察、了解体育教师的动作演示，使高校体育教学效果得到加强。

（二）多媒体教学技术的集成性特征

集成性是多媒体技术的主要特征，是指多媒体技术可以把声音、图像等各种不同种类的媒体信息有机地同步结合起来，继而推动多媒体完成信息"相册"的制作。另外，该特征还能将这些多媒体信息加工工具或装置整合在一起，如视频设备、储存系统等，概括地说，就是在多媒体提供的不同设备上将各种媒体紧密地关联起来，使文字、声音、图片与音像的处理实现一体化。

（三）多媒体教学技术的交互性特征

多媒体教学技术的交互性特征，主要指的是人和人之间、人和机器之间、机器和机器之间的交互活动，也就是人和机器进行对话的能力，亦是使用者与机器交流的技能和能力。同时，这也是多媒体计算机系统与家电设备的区别所在。根据实际的需要，人们能够选择、控制、检索多媒体系统，同时还能够参与到播放多媒体信息与组织多媒体节目的行列中。

（四）多媒体教学技术的数字化特征

数字化特征主要指多媒体计算机系统，各种媒体信息以数字方式存储和加工于计算机之中。多媒体信息技术与教育教学之间有着十分紧密的联系，能够将传统教学中没有或者不能实现的各种功能融入现代教学活动当中。多媒体技术通常以数字化处理为前提，如以矢量方式储存与处理的图形、以点阵方式储存与处理的图像、以数字编码方式储存与处理的音频和视频。在数字化技术发展的背景下，多媒体教学技术得到了广泛的传播与发展。

除了上述的四种主要特征，多媒体教学技术还有一些其他的特征，比如，还拥有实时性、分布性与综合性等特征。实时性特征主要指的是对于同时间相关的心理。例如，当处理声音和视频信号时，也有人机的运行和检索等实时完成的要求。分布性特征指以多媒体数据多样性为基础，在不同的时间与空间都存在它的素材，在不同的领域中，这些素材都得到了广泛应用。所以，对于多媒体产品的开发，在离不开计算机专业人才参与的同时，更加需要的是视、听专业的人才。多媒体计算机系统的存在比较明显的综合性，它不仅能够综合集成各种媒体设备，同时还能够综合提成各种信息，使它们成为整体，促进综合效应的产生，不再是单兵作战，而是文字、图片、声音与音像的有机组合。

二、多媒体在高校体育教学中的应用优势

（一）高校体育教学观念得到了更新

在高校体育教学中，传统的教学模式主要集中在教师的教学上。将多媒体技术运用到高校体育教学中，能让高校体育教学模式得到转变。体育教师在开展教学时，运用现代化多媒体教学手段，不仅要进行人机交互活动，还需要与学生之间开展交流、沟通，让学生体育参与意识被调动起来，体现体育多媒体教学思想，简单来说就是学生以"学"为本。这样不仅能够实现体育课程资源开发的优化配置，也能提高高校体育教学质量，推动高校体育教学方法实践性和多样性的进一步有效转变，转变学生学习体育知识和技能的观念和模式。

（二）高校体育教学的质量得到提高

多媒体高校体育教学的实施，在文字与图片的辅助下，体育课程的抽象概念得以具体化、形象化，而通过计算机，就能够对难度较高的体育技术动作进行模拟演示。除此之外，体育教师在演示和讲解结构复杂以及速度比较快的体育技术动作过程之中，所获得的成果更显著。通过多媒体信息技术，可以有效地提高课

堂教学质量以及教学效果。以多媒体技术为依托，通过慢动作，让学生清楚地认识该系列动作的特点，促进相关体育概念的形成与动作要领的掌握，方便学生进行模仿与掌握，极大提高了高校体育教学的效率。

（三）学生的体育学习效果得到提高

多媒体技术能够使人的视觉、听觉和其他各种感官系统受到不同程度的刺激，促使大脑各功能区域进行交替活动，推动体育学习内容的形象化和生动化的进一步开发，使高校体育教学活动直观性和趣味性得到一个较大幅度的提升，便于学生了解体育技术动作。多媒体技术综合利用字体、色彩、图表、音乐、动画和闪烁等多种表现手段进行综合利用，保证"声图并茂""有声有色"，使得高校体育教学内容的艺术表现力与强烈的感染力得到增强，使高校体育教学的课堂氛围得到活跃，特别是多媒体高校体育教学资料中对肢体和谐美、力量美与技艺美的体现，使高校学生对体育的功效与个性的社会价值取得真正的认识，既使学生学习体育的求知欲被激发出来，又使其学习体育的积极性被充分调动起来，继而让学生对体育学习产生浓厚的兴趣，体育课堂教学质量被切实提升。

三、CAI 在高校体育教学中的应用

目前，CAI（计算机辅助教学）正迎来一个多媒体大面积教学的时代，即使用先进的计算机技术、多媒体技术、网络技术、通信技术和设备，让最好的教师面向最广大的学生的时代。所以，保证 CAI 大数量、高质量地发展具有十分深远的意义。

（一）CAI 在体育教学中的优势分析

在高校体育教学课堂教学活动开展的过程中，由于高校体育教学内容与高校体育教学任务方面存在着一定的需求，因此 CAI 能够科学地、合理地选择现代化教学媒体，并进行应用。信息仅靠人体单一发声器官的传递是不完整的，想要完成全方位的传递，需要人体的多种器官协调运行。另外，开展的多媒体系统教学还要能够进行反馈与调控，在高校体育教学课堂教学开展的过程中，保证它的存在是始终有效的，从而实现高校体育教学过程的优化。CAI 高校体育教学存在的优点有以下五种：

1. 方便体育教师对学生的指导

计算机可以承载与教学有关的海量信息，并且可以根据高校体育教学的各种实际需求，开展人机对话，随意地调用、开展各种各样的高校体育教学活动。

2. 可帮助学生对动作概念尽快地建立

如果能够将CAI应用在体育课堂教学过程中，就能够促进力量教学效果的获得。以高校体育教师教授足球理论课为例，在授课的时候提及"越位"概念，虽然多数同学都能对这一概念有一个较好的认识，但是具体到实际中，不一定能够很好地把握。因此，体育教师在表达时，既能够灵活运用画图形式，又可用声像资料等，对足球比赛活动的某些典型和非典型"越位"场景进行剪辑，放在同一个视频当中，使学生理解这一概念。

3. 学生利用多媒体开展自我学习

对于多媒体高校体育教学的使用方法，由体育教师向学生传授，保证学生的体育学习活动不仅能够在课堂上进行，还能够在课堂教学结束后开展，即复习或自学。

4. 提高体育学习效率

在对学生开展跳远运动教学时，如果体育教师对每一次学生做的跳跃动作进行录制，并予以慢动作处理，再组织学生观看，就使学生及时地发现存在的问题并予以纠正。另外，也能够借助计算机的处理作用，预先记录下某些优秀学生完成的操作，再将两者开展对比，就能够很明显地得出两者之间存在的区别。此外，这套编制的CAI在专业运动员的训练中也同样适用。

5. 提高体育学习兴趣

CAI具有的形式是新颖的、变化多样的，能够调节学生良好的心理状态，同时还能够有效刺激学生自身的求知欲，从而使学生的体育学习效率得到一定的提升。

综上所述，CAI能够刺激学生的各种感官，对知识或信息进行最大限度地吸收。将CAI运用于高校体育教学，推动高校体育教学软件向多媒体化方向发展，可以让学生的不同心理要求获得较好的满足。目前，我国大部分院校的体育课都使用了CAI进行辅助教学，该手段已经成为一种重要的教学方式。它可以对信息进行图像编码，同步识别后，保证高校体育教学文件的声图并茂，绘声绘色，且清晰，便于理解，更加便于学生接受。

（二）体育多媒体 CAI 的设计

体育课件的结构主要由两个部分构成，即原理教学模式与训练教学模式，具体如图 4-1-1 所示。对于体育多媒体 CAI 课件而言，总体的结构组成是高校体育教学内容与高校体育教学目标，其主要目标是使学生掌握体育基础知识和基本技术、技能，使学生的身体素质得到增强，培养学生的良好思想品德，促进观察能力与模仿能力的提高。

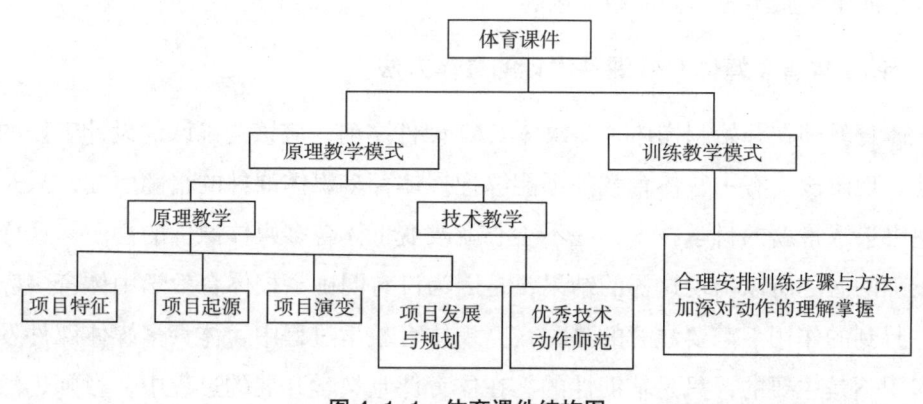

图 4-1-1　体育课件结构图

（三）体育多媒体 CAI 课件的选题原则

体育多媒体 CAI 课件具有的特点与优势是非常强大的，然而不能对体育多媒体 CAI 课件过分依赖，还应该考虑高校体育教学目标、高校体育教学条件、高校体育教学资源与高校体育教学内容，确保选择最优化和精心设计。此外，更重要的是与其他教学媒体密切联系，结合起来灵活地运用，才可以真正地做到扬长避短，完整构建更有效的教学系统。

我们要考虑体育多媒体 CAI 课件设计的价值，即这堂课是否要使用课件。如果传统的教学方式能够达成良好的教学效果，就没有必要花费大量的精力去制作体育多媒体 CAI 课件。所以，在确定体育多媒体 CAI 课件的内容时，通常很难使用语言对高校体育教学过程中的难点与重点进行清晰的表达，在这样的情况下，使用体育多媒体课件的形式是比较合适的。

之所以这样，主要原因是，体育多媒体课件自身具备较为丰富的功能，能够将声音、视频、动画、效果汇集在一起，更贴切地模拟自然，表现自然，或者是在实验条件的支持下,通过局部放大、旋转与重复等多种方式进行展现,从而有效地突破高校体育教学的重点与难点。基于模拟训练特别是初级训练的目标而言,更是比较适宜应用多媒体形式。体育多媒体具有比较强大的模拟功能,能够有效地实施高校体育教学中的各种模拟技能训练。例如,替代一些进展比较困难的危险实验进行,高校体育教学过程中学生的实际操作,周期较长或者代价较高的实验,但是,在选择高校体育教学内容的时候,应该尽量选择那些不存在演示实验或者是演示实验不容易做的教学内容。

(四)体育多媒体 CAI 课件设计的具体方法

体育教师在开始制作体育多媒体 CAI 课件之前,应该明确课件设计工作的重要性。现阶段,有一些体育教师不能够把握体育多媒体课件的精髓所在,只是一味地去追求最新的科学技术,一不小心就改变了体育多媒体课件的性质,这样是不正确的。之所以出现这样的结果,是因为没有明确高校体育教学中体育多媒体课件起到的作用。需要注意的是,在高校体育教学过程中,体育多媒体课件发挥的作用不是主要的,只是辅助性的。在体育课堂教学开展的过程中,教师仍然发挥着主导作用。只有将体育多媒体 CAI 课件的设计工作做好,才能够制作出更多优秀的课件。所以,在设计体育多媒体 CAI 课件的过程中,可以从以下几个方面考虑:

1. 从体育多媒体 CAI 课件的可教性考虑

制作体育多媒体 CAI 课件的主要目的是使体育课堂教学的结构得到优化,让体育课堂教学更加高效,推动体育教师教学,并且还要促进学生的自主学习。所以,在设计体育多媒体 CAI 课件之前,我们应当有限考虑其存在的教学价值,也就是说,考虑这堂课是不是有必要使用体育多媒体 CAI 课件。通常来讲,如果仅仅使用传统的高校体育教学方式就能够使良好的高校体育教学效果得以实现,那么花费大量的精力设计体育多媒体 CAI 课件就没有必要。所以,在进行体育多媒体 CAI 课件的内容制作以前,应尽量选择和运用没有演示实验或演示实验不易完成的高校体育教学内容。

2. 从体育多媒体 CAI 课件的易用性考虑

体育多媒体 CAI 课件应该能够清楚地表达出高校体育教学的目标、高校体育教学的步骤与高校体育教学的具体操作方法，同时，有一点需要注意的是，即使在同本机脱离的情况下，在其他的计算机环境中，体育多媒体CAI课件也能够运行成功。因此，需要注意以下四个方面：

（1）体育多媒体CAI课件应该便于安装

首先，体育多媒体CAI课件应该保证启动比较快速，避免体育教师和学生焦急等待的情况出现。其次，体育多媒体CAI课件应该尽可能占据较小的容量，对于体育多媒体CAI课件越大越好的错误观念要更正。伴随网络技术的日新月异，体育多媒体CAI课件在网络环境下运行是最理想的。

（2）体育多媒体CAI课件应该具备友好的操作界面

体育多媒体CAI课件的操作界面应该包含一些具有明确意义的按钮和图片，同时还要能够通过鼠标进行操作，避免一些特殊的情况，如键盘操作复杂等。此外，应该合理设置体育多媒体CAI课件各个内容部分间的转移，保证方便地操作跳跃、向前与向后等步骤。

（3）体育多媒体CAI课件的运行要保证一定的稳定性

体育多媒体CAI课件在运行过程中应该保证一定的稳定性，如果体育教师在执行体育多媒体CAI课件时作出了错误操作，就十分容易产生退出甚至计算机重新启动的情况。因此，在体育多媒体CAI课件具体的操作过程中，体育教师应该尽可能地避免死机的情况，保证体育多媒体CAI课件运行过程的稳定性。

（4）体育多媒体CAI课件要保证及时进行交互应答

在体育多媒体CAI课件运行过程中，应该保证及时交互应答。不能将体育多媒体CAI课件等同于电影。同时，体育教师应该高度重视学生的学，让学生在学习过程中循序渐进地进步，给他们留下较大的思考空间。

3. 从体育多媒体CAI课件的艺术性考虑

一个体育多媒体CAI课件，它的演示在保证良好高校体育教学效果的同时，还应该是令人愉悦的，只有这样才能够将美的享受提供给体育教师与学生。如果上述的两项因素都能够得到保证，那么就表示这样的体育多媒体CAI课件存在较强的艺术性特征，完美地融合了优秀的内容和优美的形式。但是，想要实现这两个目标一点儿也不容易，体育教师不仅应该具备一定的美术基础，还要存在一定的审美情趣。

体育多媒体CAI课件的艺术性特征主要的表现是：具有柔和色彩的操作界面，科学合理地搭配，画面应该同学生的视觉与心理产生共鸣；为了能够保证将更加逼真的图像呈现出来，可以考虑使用三维（3D）效果；对于画面的流畅性要作出保证，避免停顿、跳跃现象的出现。需要注意的是，体育多媒体CAI课件画面中最多只能存在两个运动对象。此外，不仅要有优美的音色，还要以适宜的配音进行辅助。

（五）体育多媒体CAI课件创作工具的选择

如果能够恰当地选择体育多媒体课件的创作工具，那么就能够使得体育多媒体CAI课件的具体实施收获更加理想的效果。本书将主要从以下几个方面简单地分析比较典型的体育多媒体课件创作工具与开发工具。在体育多媒体教学课件创作的过程中，要选择体育多媒体创作工具，要了解其存在的功能。通常来讲，体育多媒体课件创作工具具备的功能有很多。例如，为体育多媒体的编程营造良好氛围、多媒体数据管理功能、超文本功能、超媒体功能、对于体育多媒体数据的输入和输出、连接各种各样应用的功能、友好的用户界面、制作和编排动作的功能。

在体育多媒体教学课件创作的过程中，如果体育多媒体的创作工具拥有不同的界面，那么就会同样存在不同的创作特点与创作风格，同时，每一种都会拥有各自不同的优点与缺点。但是，如何选择这些界面不同的创作工具，主要依据的是个人的偏爱与需要。例如，如果仅仅是制作学术会议的报告与研究生答辩内容，那么就不需要通过更加复杂的编程软件来完成制作，只需要选择、使用幻灯创作工具就可以了。但是，如果想要制作某一个领域中的教育教学软件，以便于更好地辅助个别化教育训练的开展，或者是在实际操作的练习中使用，那么就应该选择具有较强交互性的多媒体创作工具。对于几种比较常见的多媒体创作工作，本书进行了如下的分析：

1. 幻灯式多媒体创作工具

在体育多媒体课件制作过程中，幻灯型多媒体制作工具应运而生，具体而言就是一种以线性为主要特征的体育多媒体创作手段。这种创作工具通常由计算机或电脑生成一个完整的运动画面或者动画，然后将其播放出来，从而实现动作的演示和效果模拟等功能。在运用这种创作工具的时候，通常使用系列幻灯片排列组合方式展示工艺，即按次序分开，显示画面，这种方式虽然能够将运动和视频等元素展现出来，但是对于整体画面来讲是不完整的。因此，需要使用到另一类型的媒体制作工具——交互式电子技术。这里所提的幻灯片，既可以是样式简单的图片、文字幻灯片，也可以是由视频或者动画等多种要素结合在一起的体育多媒体课件复杂组合。但是，一般来讲，此种体育多媒体课件创作的幻灯式多媒体创作工具，在开始使用之前要预先设置一个完整的展示程序。对于体育多媒体课件创作的幻灯式多媒体创作工具而言，其某些特殊存在能够提供一定程度的交互，再按照一定顺序立体体育多媒体教学课件界面中存在的键盘操作、鼠标操作与按钮操作，在设计体育运动技术动作的时候，借助于动作按钮这一作用，顺利完成超级链接，除此之外还可开启部分外置程序。幻灯式多媒体创作工具较典型的是PowerPoint（PPT），简便易行、便于学习是它的突出特点。在使用过程当中，通过点击"选择"菜单就能实现对整个作品实施编辑和修改等操作，并在软件环境中完整地创作展示，除了有集成工具、绘画之外，还包含了其他的多种选项。此外，该工具包含的许多模板，我们都可以直接调用，但是，此多媒体创作工具也是存在缺点的，即只存在简单的交互，甚至是缺乏交互，并且交互只能在幻灯的线性序列的点之间跳转。在学术报告、汇报与演示过程中，此种幻灯式多媒体创作工具的使用较多。

2. 书页式多媒体创作工具

书页式多媒体创作工具的主要特点是：能够将相关的高校体育教学内容制作成一本书的形式，当然也存在"页"，并且这些页像书稿一样，按一定的顺序排列。上述的这一特点同体育多媒体课件创作的幻灯式多媒体创作工具比较相近，但是，两者之间也存在一定的差别，即在页与页之间能够有效支持更多的交互形式，给人一种身临其境、浏览真实书稿的感觉。书页式多媒体创作工具的典型是ToolBook，此软件能够想象应用程序，使之成为具有很多页的书籍，它自己的窗口可以对每一页的内容进行画面展示，里面有大量的交互信息与媒体对象包含其中。可以说，书页式多媒体创作工具与幻灯式多媒体创作工具相比，在结构方面，交互能够在一页内完成，显示出更加丰富的特点。对于ToolBook来讲，一个独立存在窗口每一次只能显示出一个内容。因此，在应用程序中的智能，只有利用页面不同的现实才能够完成。此外，还能够在打开某一本书的某一页内容的同时打开其他的书籍，所以，该工具能够建立更加复杂化的层次结构，也就是书架式应用程序。对于此种书架式的应用程度而言，其原理在于将多种多样的事物当作一本书进行放置。

ToolBook 是由 Asymetrix 公司负责开发的。ToolBook 是一个水平较高、面向对象开发的环境，能够将面向对象的一种程序设计语言 OPENSCRIPT 提供出来，两种相关的信息可以通过这种语言在一起链接，从而对于各种任务的完成起到一定的促进作用。例如，可以用于动画声音、计算数字、播放图像等。此种体育多媒体课件创作工具的特点，一般在其对应用程序的组织方面体现出来。此种创作工具具有较强的超级链接能力与超级文本能力。对于 ToolBook 而言，如果按照使用的角度对其进行划分，就能够分成两个主要层次，分别为 ToolBook 的读者层次与作者层次。从读者层面上而言，用户能够执行对书的各种操作，同时阅览它的内容；从作者层面上来讲，设计者能够使用命令编写新书，在修改对象或者程序中各个页次对象等的时候可以利用调色板与工具箱。

3. 时基模式创作工具

时基模式创作工具是一种常见的多媒体编辑系统，主要将时间作为基础，通过此种编辑创作工具制作的内容近似于卡通片或者电影。时基模式创作工具通常是利用看得见的时间轴来确定显示对象上演的时间段与事件的顺序。在体育教学创新与运动训练研究这样时间关系存在的情况下，它的出线形式可以是许多的频道，从而安排多种对象，将其同时呈现出来。这样的系统中通常会有一个控制面板存在，用来对播放进行控制，一般来讲就像是常见的录音机与录放像机，主要包含了演出、快进、倒带、前进一步、后退一步、停止等功能。

第二节　微课教学法的应用

一、微课概述

（一）微课的含义

微课主要指通过视频，将教师在课内和课外教学活动过程中所讲授的教学环节或所强调的知识难点和知识重点完整呈现出来的一种新型教学资源。微课具有一些比较显著的特点，即碎片化、突出重点、具备的交互性比较强、能够反复多次使用。微课作为一种全新的教学模式，能够使学生的碎片化学习活动随时随地地展开。

（二）微课的组成

微课组成内容的核心是示例片段，也就是课堂教学视频。不仅如此，也有同某个教学主题相对应的辅助性教学资源。例如，素材课件、教学设计、练习测试、教师点评、教学反思和学生反馈等。在一定的呈现方式和组织关系下，它们共同营造了资源单元应用的"小环境"。这里所说的资源单元具有的显著特征是主题式的半结构化单元资源，因此，微课同传统单一资源类型的教学资源之间是有一定差异存在的，主要表现在教学设计、教学课例、教学课件与教学反思等方面。同时，微课与上述的这些教学资源之间存在一定的联系，即微课作为一种新型的教学资源，其发展基础就是上述这些教学资源。

（三）微课的特点

1. 碎片化

微课视频的时长约为10分钟，以清晰的视频记录的形式展示课程教学的具体过程，一堂传统课堂教学的时间是45分钟，而原有的段状课程在微课的作用下，逐渐向点状课程转变，使课程内容更加精华、细致。因此，学生除了课堂的教学时间以外，还可以利用课外的零散时间学习。例如，当学生排队等待就餐的时候，可以利用这一小段时间进行学习，所以，微课的显著特点之一就是碎片化。

2. 突出重点

基于学生的学习特点，微课在显著碎片化特点的影响下，对于教师的教学能力也提出了更高的要求。在微课视频的 10 分钟展示时间内，教师不仅要体现严谨的逻辑性，还要重点突出教学内容的知识亮点和知识重点，明白学生学习的重点和难点，才能够更好地激发学生的学习兴趣。

3. 较强的师生交互性

微课作为一种新鲜的课堂形式，可以满足学生对知识的渴求与猎奇心理。微课教学的进程增进了师生间的交流、沟通和互动，同时实时搜集学生在课程学习中不同的兴趣点。对于学生存在的疑问，教师能够及时进行回答。这无疑会为教师课程后期的设计提供便利条件，使其满足现阶段学生的知识渴求，进一步提升课程的教学效果。

4. 能够反复多次使用

在微课的模式下，学生能够按照自身的实际需要，随时随地展开体育学习活动。例如，在课程开始之前，学生可以通过微课来预习运动技能、巩固难点和重点、练习课后的动作等。上述的这些微课学习途径，在进一步提升教学效果的问题上都能够发挥出有效的促进作用。此外，使用微课教学模式，还可以使学生课程学习的积极性得到增强。

（四）微课的应用原则

1. "以微为首"原则

我们都知道，微课最为显著的特点是"微"。因此，在微课设计过程当中，应该思考"以微为首"的方针和原则。"以微为首"原则主要表现在以下三点：

第一，选题的范围不应该太大，即所选微课内容应该尽可能地精简，范围虽然很小，但是一定要把某个学习内容完整地表现出来，它需要教师提炼知识点，同时划分所述内容模块，在知识细化的时候也要确保内容完整。微课主题要全，即所有教学任务都应该包括其中，不能因为学生不懂导致教师无法讲解或者没有讲好，也不要让学生觉得微课只是一个形式。

第二，微课的时间应该短一些，可以满足视觉暂留时间短的特点，让学生在集中注意力的情况下顺利完成学习。教师应该注重教学设计，让学生从整体角度理解教学内容,并利用这些教学资源来提高教学质量。

第三,资源的存储量应该较小,达到在移动设备中在线播放的需求,便于学生下载与储存。

2. "学生为主"原则

微课归根到底是为了广大学生诞生和存在的,衡量微课效果好坏的终极标准是学生学习的效果如何。"微"是一种以短小、精炼为其特点的教学模式,可以让学生通过短暂的课堂时间获得更多的学习资源和信息,从而达到更好的学习效果。因此,微课设计的各个环节都应以学生为主。在微课设计时应该根据教学目标、教学内容以及课程特点等多方面因素确定具体的教学策略。微课设计的初期,应分析学生的特点,充分认识和了解学生的不同情况,同时在课堂上注意教师与学生之间的关系和互动,从而激发和调动学生学习的浓厚兴趣,维持学生的学习动机。

教师在设计时要充分考虑到不同层次、不同水平学生的特点和实际情况,设计过程中,应时刻考虑学生是学习的主要对象,站在学生立场上设计教学,通过对微课目标、内容和形式等方面的设计,让学生真正参与到课堂中。微课设计与实施后,要借鉴学生学习效果,对微课应用效果进行合理的评估。只有对微课教学效果全面分析后,才能制定出适合本校学生的最佳教学模式。由此可知,"以学生为主"的原则渗透在微课设计和运用的全过程中,教师只有充分尊重学生的主体性和创造性,才能使学生真正成为课堂上的主人。因此,高校微课从某种程度上来说就是要充分激发学生主动学习的热情,以达到更好的学习效果,在设计微课时,还要考虑到学生主体这一重要原则。

3. "交互为重"原则

在应用微课学习的过程当中,除了有师生之间的互动和交互之外,也有学生和学习资源之间的互动。教师可以通过微课促进学习方式变革,提升课堂的教学质量。就微课设计而言,突出学生自主学习的要求,学生和学习资源之间的互动变得更加重要。传统的教学是以教师为中心,现在的课堂则需要学生积极参与到课堂教学中,这就要求学生和学习资源之间相互交流、相互合作。所以,设计微课时,一方面要注意学生和学习环境之间的相互促进,另一方面也要关注学生和学习资源之间的相互作用。建构主义理论对"情境""协作""会话"等概念非常强调和注重，原因在于："情境"能够促使学生产生更加有意义的学习，使学生由被动的知识接受者变为主动的获取者；"协作"与"会话"能够促进学生之间的交互，通过和学生之间的交流，其学习方式逐渐向启发式学习、探究式学习转变，从而激发和调动学生学习的浓厚兴趣。

在高校微课设计中，学生是主要的学习对象，其思想比较成熟，学习方式逐渐向探究式、讨论式和启发式的学习方向转变，所以他们可以和学习资源更好地互动，并且独立完成意义建构。在微课的设计中，要坚持"把交互放在第一位"的重要原则，着重强调交互性设计。

4."创新为核心"原则

21世纪提倡的教育理念和以前相比是不同的，强调教育教学的核心着眼于学生可持续学习和发展能力的培养，从而给终身学习奠定重要基础。因此，在现代课堂教学中，教师要重视对学生自主探究能力的培养。同样，微课的设计也应遵循终身学习能力培养的原则，注重提高学生发现问题、提出问题、分析问题和解决问题的能力，并开发具有创新性的学习资源。[①] 在现代社会中，人们的生活与科技紧密相连，科学技术又不断促进社会的进步和发展。

在信息技术飞速发展的背景下，技术革新对创新思维的要求逐渐提高，在这种情况下，将信息技术与课堂教学有机结合起来成为一种趋势。微课就是运用信息技术开展教学活动，怎么样适当、灵活和充分地运用信息技术手段，对于微课的运用尤为重要。因此，技术创新的运用是微课达到核心教学目的的必要手段。微课不仅能够促进课堂教学效果的提升，还能更好地激发学习者的自主学习积极性，使其成为课堂主体之一。在设计微课的时候，教师要充分利用正在兴起的信息技术，以及在现有教学资源与教学内容基础上，创建适合自己的新型教学资源，同时还要结合当前学生群体特点，将微课与学生的实际学习情况相结合。当代大学生作为信息时代新技术、新媒体的主要传播者，既擅长掌握和应用各种最新信息技术，又具备一定信息技术应用能力。因此，高校微课设计应着眼于创新，将其作为核心开展工作。

---

① 陈先荣.创新型人才培养必须从基础教育抓起：对课程目标新增"发现和提出问题的能力"的认识[J].中小学教师培训，2012（8）：39-41.

二、微课在体育教学中的应用

（一）微课应用在学生体育需求调研中

鉴于高校体育教学传统模式中同高校体育教学内容间存在的关联，在高校体育教学实践活动正式开始前，体育教师要根据课程逻辑，重点突出和强调高校体育教学内容的难点和重点，同时还应该同现阶段体育栏目与体育热点新闻相结合，制作体育微课。已制作好的体育微课，还可以有效借助移动互联网多种渠道在校内广泛传播，体育教师通过考查学生微课点击率和同帖评论内容，可以对体育课程内容的合理性进行科学评价，确保体育教师对学生的兴趣和期望有更深层次的认识。除此之外，前期宣传体育微课，可以激发学生体育学习的积极性和主动性，让学生对将要学的新学内容有更多的憧憬，从而让学生由以前的被动学习行为变为主动学习行为，继而促进学生参与体育，最终实现让学生体育参与度快速提升的目的。

（二）微课应用在体育课程设计中

体育微课不仅补充了传统的高校体育教学模式，还是多媒体时代下高校体育教学发展的必然结果。微课的逐渐出现，使得原本的体育课程设计得到了重新定义。例如，对于"干活儿"这一词汇，在学生中经常提到，因此，就需要保证体育课程有理有据、有血有肉。在高校体育教学开展的后期阶段，对以往室内体育理论课与室外实践课分开开展的体育课程设计加以改变，将两者进行融合，同时，考虑多媒体时代大数据的时代特征，设计室内理论课时应以师生之间信息数据交流为重点，在体育课程中掀起他们的头脑风暴，呈现出更加公平、更加自由的体育课程，此外，在这样的形势下，体育教师的教学思维能够得到更进一步的更新，提升学生体育学习的热情。

（三）微课应用在体育课程教学中

一方面，基于体育时事热点与体育课程的新内容等方面，体育教师能够设计新颖的体育课，并向微课导入，在体育课堂教学开展的过程中，有序组织学生集体观看相关的视频，引起学生注意，激发其对体育学习的强烈兴趣，使学生对所学内容有一个全面了解和认识，从而提升教学效果；另一方面，高校体育教师在教学实践活动过程当中，能把难度较大、速度较快的复杂动作制作成微课，在体育课堂教学中反复给学生播放，从而呈现出更加形象、直观、具体和生动的高校体育教学过程。

（四）微课应用在体育课后辅导中

对于高校体育教学而言，每一节体育课堂教学的时间是45分钟，有限的高校体育教学时间，使教师不能面面俱到地讲授内容，想要实现精细化教学几乎是不可能的，所以，必定会出现一部分学生不能与教学节奏同步或者不能对其所学运动技能充分掌握的情况，所以，当体育课堂教学结束以后，教师可以向学生发放包含有高校体育教学重点的微课视频，以便于学生在课堂结束以后练习已经学习的技术动作，复习课堂上所学内容，切实保证温故知新，提升学生的学习效果。

（五）微课应用在体育课程分享中

就其本质而言，分享是一个学习的过程。学生喜欢把一些优秀视频课程分享到朋友圈，感染周围的朋友和同学，让学生学习圈子得到进一步的拓宽。所以，要努力构建学习共同体，确保成员相互督促，共享体育学习的有用信息。例如，在体育舞蹈教学的过程当中运用微课，学生能够分享已学过的、更有兴趣的体育舞蹈课，让更多喜欢体育舞蹈的学生在学习过程中，及时获得和共享学习资源，此外也能自发地组织校园里其他有相同爱好的学生，合理安排学生共同学习和研究体育舞蹈微课，推动体育舞蹈社团进一步发展，有效安排社团活动，让学生的日常生活更加丰富精彩。

第三节 慕课教学法的应用

一、慕课的授课形式

慕课是一种将在世界各地分布的学习者与授课者通过某一个共同的主体或者话题而联系在一起的方式方法。

几乎所有慕课的授课形式都采用每周话题研讨的方式，并且只将大体的时间表提供给授课者与学习者，但是一般来讲，慕课课程都不会对学习者提出特殊的要求，其余课程的结构也比较有限，会进行说明的内容比较简单。例如，阅读建议、每一周进行一次的问题研讨等。

二、慕课教学的基本特征

（一）规模性特征

1. 众多的慕课学习者

慕课是一个大型的开放式课程，主要是通过网络在线视频传授和教授学生知识。因此，学生的网络学习量是非常大的。

2. 拥有一大批知名高校及优质教学资源

全球有数百所名牌高校和院校加入慕课平台，将所有优质课程资源无偿分享给平台中的学习者。

3. 慕课教学者较多

慕课开发是一个系统工程，涉及技术、市场和管理等诸多因素。慕课开发与创作包括制作全套课程视频，上传至终端并及时答疑，安排学生参加谈话。

（二）网络性特征

慕课具有网络性特征，主要表现在以下三个方面：

1. 借助网络开展讲座与讲解

在审查慕课内容后，慕课开设者可以不受时间和空间的限制，把课程完整地上传至指定慕课平台，为学习者提供免费、无障碍的参考学习平台，为学生提供一个开放、共享的教育环境。

2. 线上多种学习模式并存

如自由学习与讨论学习等，学生可自由选择合适的学习方式。教师可以根据不同的需求发布一些个性化的教学信息帮助学生实现自主学习。

3. 记录、分析学习情况

慕课系统以学生浏览痕迹，记录并分析学生的日常学习行为，管理者可以依据这些记录掌握学生学习的实际状况，进而规范课程的设置和调节，给他们提供更加优质的学习资源。

（三）开放性特征

1. 向学习对象开放

开放性是基于互联网技术发展起来的新型教育形态，能够突破时间、空间及地域等方面的障碍，实现不同地区甚至全球范围内教育资源的共享与互动。学生不受时间、地域等限制，可在任何时间、任何地点在线学习。同时，提供的丰富多样化的资源供教师自由选择，并允许他们根据需要随时发布或订阅信息，以帮助学生实现个性化学习目标。

2. 教学形式的开放

教学形式的开放给学生提供了更多选择，同时也为教师开展教学活动带来便利。慕课平台为学生提供了多种社交学习软件，供学生学习讨论时作为参考，及创造并分享某些对学习有用的信息。慕课可以使教师有机会了解到学生的不同需求，并及时调整教学策略和方法。

3. 课程与学习资料是开放的

慕课课程之中有着非常丰富的教学资源，学生获得资源的途径相对较快捷，并可以随着课堂需要以及教学环境等因素的改变作出相应的改变，便于进一步扩展和修改。慕课作为一种新兴教学模式，具有开放性和交互性特点，其内容涵盖了整个学科领域，在线课程良好的交互性有利于促进师生间的互动交流，提高课堂教学效果。

三、慕课教学的优势

（一）实现体育国际化和大众化

慕课具有开放性、大规模性和优质资源易获得性，由此形成了全世界最优秀的精英课程遍布全球。教师可以为每一位学生提供个性化定制的学习计划，并制订相应的教学计划，使其能够更好地完成学习任务。同时，慕课可以分享体育优质资源，缩小不同国家体育教育水平之间的差距。慕课为教师提供了一个全新的教学平台，它以丰富的内容、便捷的途径以及良好的效果受到越来越多国家的关注，并在国际上产生很大影响。通过借鉴中外众多的优秀体育课程资源，慕课能让体育专业的学生深入了解并掌握体育课程的最新资源，并且全国各族人民都能了解与掌握体育方面的最新知识，从某种意义上来说这是进一步增强国民体育锻炼观念和意识、提高觉悟、加快推进我国向体育强国跨越的拓展新途径。

（二）培养终身体育意识和锻炼习惯

终身体育教学理念是符合人体自身发展规律的，同时也与现代社会发展的实际要求相符合，学校体育为终身体育服务。作为基础，它可以使人获得体育知识、体育技能，培养和发展兴趣、爱好，养成良好的锻炼习惯，从而在潜移默化当中培养和发展体育自我意识。体育慕课恰好能给它以切实的保证。在"互联网+"的大环境下，学生能够借助体育慕课随时随地地学习，并且不受人群、年龄等因素的限制，不断学习、获得体育相关知识及技能，让体育时刻陪伴在身边，这也是持续终身体育培养、锻炼习惯养成的保证。

（三）为体育教学改革提供了有利环境

慕课给高校体育教学改革带来了诸多便利，教学内容通过先进的科学技术，灵活按照碎片化教学分块，让学生在课前、课上以及课后随时地观看。教学场地同样不受时空的限制，只要有网络，在任何场地都能够课前预习，课上对无法解决的问题进行研究和探讨，课后作业检查，让教学构成一个有效闭环。这种新型教学方式一方面将知识与技能融为一体，以问题为主线展开教学活动，通过师生互动交流完成教与学的任务，实现自主学习，提高教学质量；另一方面使教师的教学地位发生变化，使学生由被动学习转化为主动学习，教师满堂灌式的教学转变为对学生的学习的正确引导与指导，碎片化的处理也让学生在学习的时候变得更加轻松，更加有效率，从而迅速掌握教学内容，另外，及时的教学反馈能够让教师迅速调整自己，进而为我国现代高校体育教学的深入改革与全方位发展带来新的生机和活力。

四、慕课在体育教学中的应用

（一）体育教学中慕课的价值分析

自慕课引入我国以来，已经过了很长的一段时间，许多学校都开始尝试此种新式的教学方法。实际上，慕课的教学方式在高校体育教学方面也是非常适用的。

随着社会网络的日渐发达，每一天人们都可以上网，网络在现代人们生活中承担的责任越来越重要，慕课就是利用此种现状，在学习开展的过程中充分利用网络条件。除此之外，作为一种学习方式，慕课还具备一定的主动性特征，任何人的监督与强迫都不会对其发生作用，使用者按照自己的个人兴趣爱好，可以选择、学习喜欢的运动。同时，慕课所拥有的资源范围是非常广泛的，在高校体育教学开展过程中应用慕课，教师和学生还可以实现对国外高校体育教学资源的分享与使用。

现阶段，学校体育课的开展形式主要是体育教师授课，学生接受学习。也就是说，在高校体育教学课堂教学中，教师先讲解、示范，然后学生再进行练习。然而，我国大多数中小学、高中体育课的开展时间一般是45分钟，在体育课的准备活动做完以后，由体育教师进行体育技术动作的讲解与示范，但是，一堂体育课的时间已经耗费很多，学生的练习活动无法在剩下的时间内有效展开。然而，对于这个问题，慕课就能够很好地进行解决。

当体育课堂教学结束以后，学生在课后就能够自行复习。体育微课视频包含真人操作与讲解，能够帮助学生对白天体育课堂学习的动作进行复习与记忆。尽管高校体育教学时间长达一个半小时左右，学生拥有足够的时间学习、练习体育运动技术，但是他们只能修习每门体育课一次，每一个学期所要学习的内容基本都是相同的，并且学生之间会存在差异，一部分学生并不擅长深入学习、练习。

在高校体育教学中应用慕课的教学方式，不仅能够保证学生深入学习活动的开展，还有利于学生自己掌握学习进度。同时，慕课中存在的学习资源是非常丰富的，有利于学生寻找到适宜自己的运动方式。例如，对于一部分学生而言，剧烈的运动可能不适合他们，所以，他们能够在慕课中选择比较适合自己的运动，如此一来，不仅能够避免损伤自己身体的情况的发生，还能够使体育锻炼的目的顺利实现。

实际上，如今许多家长也比较重视学生的体育锻炼。为了保证孩子的健康成长，家长总是喜欢带着孩子进行散步、晨练等体育锻炼活动。然而，这些体育活动的效果能够真正实现吗？大多数时候，人们通常会认为，只要参加体育锻炼，就有益自己的健康发展，然而，如果人们不能应用健康的方式开展体育锻炼的话，那么在浪费了体育锻炼时间的同时，还会在一定程度上损害身体健康。如果在高校体育教学中应用慕课的方式，在体育运动锻炼的过程中，参考标准的动作完成体育锻炼，就像是一个专业的私人教练陪在自己身边，并对体育锻炼活动进行正确的指导。

（二）体育教学中慕课的未来发展

慕课的教学方式来源于国外，在我国的高校才刚刚开始起步，而且有一些内容对于我国高校而言是不适用的，要经过一定时间的磨合才能够同我国的教学理念相适应。

基于这样的形式，我国大部分高校应该按照自己学校的特点自行录制慕课视频。同时，在录制慕课视频的时候，可以是多个学校的教师共同参与录制、讨论，然后在多个优秀的视频之间进行选择，并且上传到网上，方便学生进行观看、下载、学习。由于不同教师在讲课的风格与方式上存在不同，而教师录制的慕课中包含多个教师的教学课程，因此学生能够选择最适合自己的教师。此外，这样的方式能够避免大课参与人数多的情况，还能够有效改善学生听课效果不佳的情况。将慕课应用在高校体育教学中，能够使小班教学的目的得以实现。同时，同一学科由多个教师进行录制，更容易形成比较与竞争，帮助学生更加仔细地观察自己的教学缺点，使高校体育教学质量得到提高。因为慕课在高校体育教学中的应用以网上教学为主，因此对学生的自主学习能力提出了较高的要求。在高校体育教学考核的问题上，可以不再使用计算机考核的方式，体育教师组织学生开展网络学习以后，再安排传统方式的考试即可。只有这样才能够有效避免学生通过计算机检测进行作弊的情况。此外，还能够对学生通过慕课进行学习的效果得到检测。

教师与学生之间应该定期交流，如此一来，不仅能够使教师和学生之间的感情得到增进，还能够对学生的学习产生一定的帮助。尽管我国的慕课应用还处于初始发展阶段，然而在现代网络发展的背景下，慕课的发展是一种必然趋势。将慕课应用在高校体育教学中，能够给教师未来教学的开展带来一定的启示。需要注意的是，在使用慕课方式开展高校体育教学的时候，还应该同国内的高校体育教学情况相结合。

例如，在篮球运动课堂教学开展的过程中，不仅要对手指上的动作进行教学，还要对脚上的动作进行教学，更重要的是要将两者的教学活动紧密地联系在一起。因此，在制作相关慕课的时候，不仅要对这些动作进行分解，还要有一个规范的整体动作，便于学生学习活动的开展。如果想要对一个体育慕课的完整体系进行构建，就需要具备相关的慕课教程。一般来讲，由国外引入的教学资源通常都是外语，存在大量的体育专业名词，容易导致中国学生在理解上出现困难。面对这样的情况，在制作慕课的时候，可以聘请我国国内优秀的体育教师，结合具体的教学情况加以制作。此外，针对制作慕课的情况，还要设定一定的标准。如果慕课没有达到标准，就不能够投入使用，这对于慕课的进步与发展是非常重要的。

第四节 翻转课堂教学法的应用

一、翻转课堂概述

（一）翻转课堂的含义

翻转课堂来源于英文"Inverted Classroom"，一般指对教学课堂内和课堂外的时间进行重新调整和安排，就其本质而言是学习决定权已经不在教师手中，而是让学生在学习中把握主动权。教师在课堂上运用翻转课堂教学模式时，学生能够在课堂中有限的时间内更专注地开展学习活动，对于全球化的挑战、本地化的挑战、现实世界中存在的问题，教师与学生一起研究、解决，使获得理解的层次更加深入。

教师在课堂对学生进行教学的时候，虽然不用再耗费过多的课堂时间专门为学生讲授相关的知识，但是在课堂教学结束以后，学生需要自主地完成这些信息的学习，他们可以利用的方法有听播客、看视频讲座、对功能强大的电子书进行阅读，或者是通过网络同其他同学互相讨论。

综上所述，在翻转课堂教学模式应用过程中，不管什么时候，学生都需要查阅自己所需的材料。

此外，教师同每一个学生进行交流的时间也增加了。当课堂教学结束以后，学生就能够自主地规划学习节奏、学习内容、学习风格与知识呈现的方式，同时，学生的知识需要教师对讲授法与协作法的使用才能够得到满足，使学生实现个性化的学习，最终的目的是通过实践活动保证学生学习活动的真实性。

（二）翻转课堂的本质内涵

站在宏观的角度看翻转课堂的实质，先进的信息技术是翻转课堂的基础和前提，在信息技术的支持下，引发了学校教育模式的全面转型。翻转课堂作为一种新型教学模式，将"教"与"学"分离开来，使学习者能够根据自身需要自主选择知识内容和学习方式，从而提高学习效果。翻转课堂的关键在于师生间的关系、地位与角色等发生了本质性的变化，它改变了教学中以教师为主的模式，使之成为以学生为主的模式，教学流程变为课前线上学习，课上面对面沟通、合作的方式，借助上课之前获取的知识，以及课堂上知识的内化，对知识的难度进行有效分解，相应增加知识内化的次数，促进和帮助学生对知识进行有意义的建构，最终达到掌握知识的终极目标。翻转课堂使师生角色发生了根本性变化，借助翻转课堂的教学，学校与教师从重视课堂教学内容，逐渐向重视学生整个学习活动转变。

（三）翻转课堂的优势分析

1. 有助于个性化学习和因材施教

学生在翻转课堂之中，无论是在课前，还是在课中与课后，均可以根据自己学习的实际情况，制订好适合自己的学习计划和步调，既不用追赶步调快的学生，又不用等待学习步调比较慢的学生，真正做到分层次地学习。翻转课堂的出现使"教"与"学"发生了改变，学生在学习中遇到困难，或者对某些问题有疑问的时候，可以得到专门的正确引导，同时，教师在教学中也可针对不同的学生安排不同的作业，真正实现学习个性化、培优补差以及因材施教。

2. 有助于素质教育的推进

我国当前正在实施的素质教育，其根本宗旨是让学生的基本素质得到全方位的有效提升与发展，充分尊重学生个性，重视自学，重视对创造能力的培养。通过对课前预习环节、课堂教学环节及课后作业设计等方面进行改革创新，使每一位学生都成为教学主体。学生按照各自的节奏学习，可以随时得到个性化的正确指导，学生主体地位得到了充分体现。因此，在教学中，教师应该积极引导学生进行自主学习和合作学习。通常情况下，课堂以学生的协作探究、自主探究等活动为主，借此培养与发展学生自学、探究与创造的能力。翻转课堂让教学内容得到不断丰富的同时，也让知识量得到进一步的拓展，开阔了学生的眼界，在培养学生综合素质方面效果显著。

3. 有助于教学相长

教师在翻转课堂中，一方面，要合理安排和策划，使学生产生兴趣，另一方面，教师不仅要为学生录制微视频，还要为学生提供学习资料，对学生进行有针对性的合理辅导、深度剖析学习对象等。这些都要求教师具备相应的能力和素质，所以翻转课堂教学形式对教师的技能提出了挑战，从另一层面看还有利于教师的教学相长，促进教师的发展和进步。

二、体育翻转课堂的实施策略

（一）做好虚拟教学平台建设

构建在线虚拟教学平台，主要是为了给翻转课堂的顺利实施创造一个前提、奠定一个基础，该平台主要由多个模块组成，如在线测试和评价模块、教学内容上传模块等。体育教师借助翻转课堂，便可将高校体育教学材料，如 PPT、微视频等完整地上传至在线虚拟教学平台，另外也可在该平台的帮助下，实现在线测验、在线沟通等；学生能借助该平台下载自己需要的学习材料，或者在线学习，并且与体育教师进行及时的沟通和交流。

（二）注重评价机制的创新

在翻转课堂教学模式中，高校体育教学评价不应局限于纸笔测验，不然实施翻转课堂将流于表面。教师在使用这一平台时，首先要选择合适的课程资源，其次还要对所需工具及软件进行充分了解。高校体育教学评价在翻转课堂模式下，应以"以评促学"和"以评促教"为评价主旨，并且以学生进步程度为主要考核指标，重视多元化评价的灵活应用，唯有如此评价，才会更加有针对性和全面性。要实现对翻转课堂教学模式下高校体育教学质量的有效评估，就要构建以过程性与终结性为核心的多元评价体系。多元化评价体现在多个方面，如评价内容、评价主体等，始终围绕推动教师的教与学生的学，以提升教学实效作为最终的评价主旨。

（三）注重提高体育教师的综合素养

翻转课堂是信息化社会发展到一定阶段的产物，既是一种高级教学理念，也是一种高级教学方法。因此，对体育教师综合素养有更高要求。体育教师一方面是网上构建虚拟教学平台的设计者与使用者，也是学习资源的上传者与开发者；另一方面，还肩负着引导学生进行自主学习并促进其全面发展的重要任务，是学生学习和练习的组织者和引导者，同时也是评价学生学习成果的设计者和评价者。

第五章　高校体育教学中的户外运动

户外运动兴起的时间并不长，但因其独特的优势迅猛发展。本章从高校户外运动课的组织与教学、徒步穿越与野外生存、山地户外运动与冰水户外运动三方面介绍户外运动在高校体育教学中的实践。

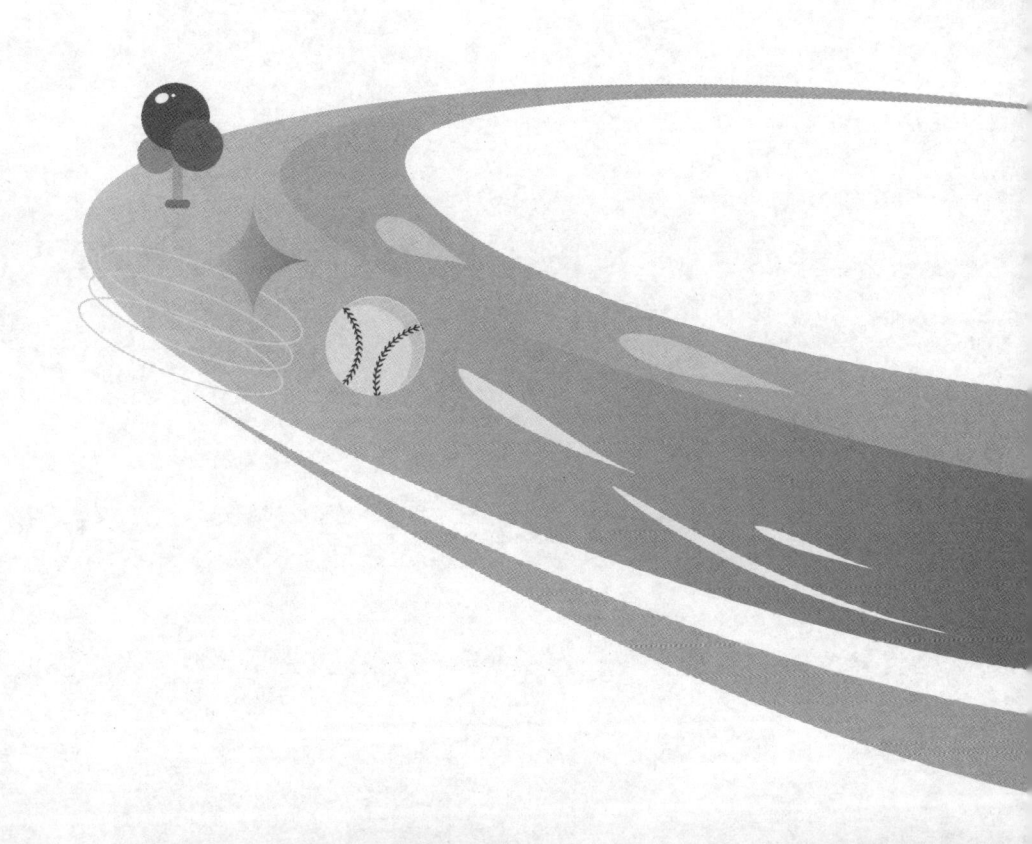

第一节　高校户外运动课的组织与教学

一、户外运动概述

(一) 户外运动起源及发展

1. 户外运动起源

大部分人认为民间的一些传统风俗活动是户外运动的起源。在18世纪，欧洲阿尔卑斯山附近有一种风俗：如果小伙子想要向心仪的姑娘表达爱意，就需要攀登艰险陡峭的高山，并带回一种名为"高山玫瑰"的花朵献给姑娘，展示自己的勇敢。这种风俗经过长期的发展，逐渐演变为广受当地人喜爱的体育运动。

自20世纪后期以来，现代人的社会生活环境发生了巨大的变化，而且娱乐行业和现代体育事业也在持续发展，推动了现代户外运动的兴盛，并进一步演变为独立的体育项目。除了强健体魄和放松心情之外，户外运动还可以让人们感受到大自然的独特魅力，并且让参与者学会彼此信任和理解，养成良好的团队精神。此外，户外运动能够加强现代人对野外环境的了解。

2. 户外运动的发展

户外运动的发展历史悠久，但是，步入近代后才真正发展成为多项独立的体育活动。比如，登山、远足、探险等。以前，一些现代实业家和企业家身处的阶层发生了变化，开始将登山作为一种娱乐的新方式，但是没有专业的设备。1857年，世界上最早的户外运动俱乐部成立于德国，标志着现代户外运动俱乐部开始走向正规化。此后，户外运动越来越多元化，而且攀岩、登山、探洞、溯溪、漂流、溪降、滑板、滑雪等一系列陆地极限运动也被相继纳入。1939年后，英国的特殊作战部队运用天然屏障和绳网进行障碍训练，目的是提高作战能力，培养士兵的团队合作能力，这是人类第一次系统地把户外运动有目的地运用到实践中来，促使户外运动发展成为一个正式的体育项目。

经过统计发现，在第二次世界大战中发生的多起海难里，逃生人群的年龄28~38岁的最多。专家研究发现，这一年龄群中的人员大多心理成熟、生活经历丰富、具有良好的团队精神，正是这些因素使他们得以逃生。

近几十年来，一些人工户外运动场地发展出不同的拓展训练，包括模拟岩壁、高山、沼泽、峡谷、断桥、高空架、绳网等一系列训练设施，不仅能够提升体能，而且还能提高团队合作水平。经过多年的快速发展，拓展训练已经从针对专业人士的高强度训练模式，逐渐变得更加大众化。户外运动以其独特的魅力吸引了越来越多的参与者。尼泊尔的登山及户外运动产业已经发展成为其外汇收入的主要来源和经济总量的重要支撑。

自新西兰于1989年举办了全球第一次针对越野活动的探险挑战赛之后，各国纷纷开始举办与各种户外运动相关的赛事。户外运动比赛只是一种形式，重在参与，重在体验。如今，户外运动已经成为一种时髦的体育消费。

国内户外运动的发展。20世纪80年代，随着中国户外资源的对外开放，外国登山者和探险者带来了"户外运动"这一新概念。之后，一些国内的探险、旅游爱好者开始参与这些活动。我国于1993年首次举行了野外运动研讨会，针对全国开展户外运动的事宜进行了讨论，直接推动了国内户外运动的快速普及和发展，这得益于国家登山运动管理中心的不断宣扬。截至2003年年底，已经有超过300家俱乐部注册完成。

3. 我国发展户外运动的优势

首先，自然资源方面。陆地资源：由于国内拥有多样化的自然资源，因此便于开展攀岩、登山、越野生存、徒步越野、山地自行车、滑雪等户外活动。河流资源：我国河网稠密，可以用这些河流进行漂流、冲浪、游泳等项目；湖泊海洋资源宽广，利用这些水面资源可以开展潜水、滑水、冲浪、海水浴等户外运动项目。

其次，在闲暇时间方面。随着我国假日制度的调整，每周都有双休日，每年都有"黄金周""小长假"等一些大大小小的假期，使得人们有更多的休息和休闲时间。大众参加户外运动的热情日渐高涨，经常参加户外运动，如自驾车出游、野营等。

（二）户外运动的特性及意义

1. 户外运动的特性

户外运动的特点是人文、绿色、科技，有益于人民群众提升体能、锻炼心智，同时也是建设现代化社会与和谐社会的重要举措。其特性主要体现在以下八个方面：

第一，自然性。这是因为户外运动是在自然环境中进行的，与大自然的亲密接触使得户外运动有着回归自然、返璞归真的特征。户外运动是一项绿色体育运动项目，是近年来兴起的一项深受人们欢迎和喜爱的时尚运动项目。人类有着生态觉醒和回归大自然的本能，这就要求人们喜爱大自然，以便更好地体会户外运动的独特魅力。

第二，挑战性。自然界中的各种环境，包括天气、地质、地形、地貌等都会出现各种不可预知的变化。参与者在户外运动中不仅要对自我体能、自我意志、自我心理素质、自我生存能力进行挑战，更重要的是要适应变化无常的自然环境。户外运动能够刺激参与者的积极性，并挖掘潜在的运动能力，还能提高面对挑战的自信心，培养勇敢坚定的个性。

第三，危险性。大自然环境复杂、变化无常，户外运动在其中进行，遇到许多意想不到的危险和自然灾难是必然的。所以，在开展户外运动时一定要有充分的、全面的计划准备，要有规范的、缜密的组织与管理，要有户外安全防护、自救互救与危难救援等预案，要建立户外运动安全保障体系和户外运动法制体系。

第四，团体性。户外运动内容丰富、形式多样，乐趣无穷、魅力无限，充满了刺激和挑战，但要完成不是一件容易的事，需要依靠团队的协作。在任何时候都要记住，不要轻视大自然，更不要想去征服和战胜大自然，而是要在户外这个最大的运动场所中，强调集体的智慧和团队的力量。

第五，大众性。户外运动具有广泛普及的大众性。

第六，科学性。生命在于科学而适度的运动。户外运动对参与者的体能、心理、生理、知识、装备等均有较高的要求。因此，背个包走路并不能算作是其中一种。

第七，教育性。户外运动不仅是一种身体上的体验，还是一种能够启迪心智的运动。参与者可以从中学到保护环境、团结协作、吃苦耐劳等道理，也可以逐渐养成良好的性格和生活习惯。

第八，综合性。开展户外运动，要具有生理解剖、运动医学、地理环境、天象气候、人文历史、动植物学、环境学、管理学、心理学等方面的知识。户外运动爱好者，不仅是运动方面的专家，具有人类生存生活的基本技能，还要有勇于创新、顽强拼搏、挑战自我、自强不息的精神，是具备完美人格和优秀品质的复合型人才。

2. 户外运动的价值分析

户外运动有着多方面的价值，主要包括健身价值、健心价值、社会价值和观赏价值。户外运动利用空气、阳光、沙滩、田野等自然条件，并根据实际情况进行登山、攀岩、徒步、溯溪等项目的活动或比赛，能够有效地促进人体的新陈代谢。

（1）对神经系统的影响

神经系统对人体的生命活动起着调节作用。

（2）对心血管系统的影响

人体运动持续数秒钟以上，心肌收缩力加强，脉搏输出量增加，从而使心脏每分钟的输出量增加。静脉血管受到肌肉随反复收缩舒张而产生"按摩"效应，从而促进静脉血液回流。

（3）对消化系统的影响

户外运动能增强胃肠道蠕动，促进排泄。运动利于胆汁合成和排出，排出胆固醇。

（4）对内分泌、免疫功能的影响

运动应激反应是肌体受到刺激后发生的非特异性适应反应。已有越来越多的证据表明，以"下丘脑—垂体—肾上腺皮质轴"为代表的神经内分泌系统的激活会影响机体免疫功能。

（5）对代谢的影响

户外运动可促进体内新陈代谢，对脂类代谢、蛋白质均有良好的影响。有研究报道，虽然血中总胆固醇含量无明显差别，但进行慢跑等项目的运动员体内高密度脂蛋白含量明显高于不运动者。因此，高密度脂蛋白具有清除脂肪增积的功能。

（6）对呼吸系统的影响

运动时交感神经兴奋，支气管平滑肌松弛，呼吸道阻力减少，可反射性地使呼吸加快、加深，使呼吸肌活动增强。

（7）对运动系统的影响

户外运动对维持骨的结构有重要的促进作用，可以提高骨密度，增加骨皮质厚度与硬度，增加骨质储备。软骨并无直接血管供应，其营养主要来自软骨下骨组织的血液以及关节液。

二、高校户外运动开设的必要性

（一）符合高校体育课程改革的需要

户外运动被引入高校体育教程，将体育课堂的教学场所从校园搬到了大自然中。因此，高校户外运动课程的开展符合高校体育课程改革的需要。

除此之外，高校户外运动课程的开设还要与高校体育课程改革的发展趋势相符。主要体现在：户外运动为师生互动的双向教学模式，使学生的自主性、主动性、主体性、自由选择性等都得到了充分的体现，并使学生参与体育课程学习的积极性、主动性和兴趣性都得到了较大程度的激发和提高。

（二）高校实施素质教育的重要手段

传统意义上的人才是指专业素质较高的窄面层次的人才，具体包括两个方面：一方面，具有良好的专业素质；另一方面，具备优良的思想素质、人文素质、审美素质。首先，受其运动特点决定，户外运动既能够强身健体，又能够使高校学生的创造灵感得到较好的激发；其次，在特殊的户外环境中进行户外运动能够使高校学生的心理品质得到锻炼；最后，户外运动通常是以集体的形式进行的，因此，学生有机会体验集体生活，并且进行沟通和交流。综上所述，高校户外运动课程的开设，不仅能够使传统体育教学项目的教学效果的不足得到较好的补充和弥补，而且还能作为重要手段来进行高校素质教育。

（三）高校实现体育课程目标的有效途径

《全国普通高等学校体育课程教学指导纲要》中，有五项体育课程目标被提出，并重点指出：高校应开发自然资源。高校户外运动教学的开展是以"以人为本，健康第一"的教育理念为主要指导的，因此，应充分体现学生的自主性，并且，以学生的兴趣为主要依据。实现运动技能领域的目标：户外运动教学的主要特点在于将传统体育运动场地搬到大自然中。实现身体健康领域的目标：由于户外运动难度较大，许多项目对人的体能具有较高的要求，因此这些体能训练对于学生整体身体素质的提高、良好锻炼习惯的养成、终身体育意识的培养等都有重要意义。

实现心理健康领域的目标：大自然是户外运动教学的场地，因此，教学过程中往往会出现各种不确定情况。比如，天气、气候，以及空间和时间的转换等。因此，可以说户外运动对于学生心理承受能力、耐受挫折能力、独立处事能力的提高，心理品质的拓展，勇于探索、克服困难的意志品质的培养都具有积极的推动作用。实现社会适应领域的目标：高校户外运动教学通常都是以集体的形式进行的，可以是班、组，并且在集体中每个人都担任着不同的角色。有些学生往往以自身为中心，从不为他人考虑。通过户外运动教学，能够改善这一状况，使他们逐渐学会关心他人，学会与他人和谐相处。户外运动教学对于高校体育课标中的社会适应领域目标的实现具有积极作用。

三、户外运动的组织

（一）户外运动的学习培训

1. 户外运动基本知识学习

众所周知，户外运动是在大自然中进行的，所以，开展户外运动课，大学生要学习和了解自然环境的相关知识。户外运动参与的主体是人，因而户外运动参与者还要了解关于人体的基本知识。户外运动不仅同大自然有着密切的联系，还与社会人文有着一定的关系。因此，户外运动参与者要学习和了解有关社会人文的基本知识。在进行户外运动课之前，还要根据户外活动的内容和要求，学习和掌握户外运动中的基本生活常识。

2. 户外运动基本素质的训练

由于户外运动的环境复杂、条件艰苦，因此参与者应具备良好的体能水平和专项能力等基本素质。在进行户外运动前，运动参与者一定要储备好充足的体能。只有具备一定的专业技能，才能保障户外运动顺利开展。参与户外运动需要的体能素质主要包括力量、速度、耐力、柔韧、灵敏等。训练可以采用球类活动、田径运动和户外实践等,也可以专门就某一弱项或某一方面反复专门训练。

3. 户外运动基本技能的训练

户外运动是一种在非常复杂的自然环境中进行的运动。在户外运动中,参与者要学会各种专项技术,如登山渡河技术、攀岩速降技术、野外定向技术、户外急救技术、野外宿营技术等,还要进行摔伤擦伤、突然袭击、山体滑坡、雪崩冰崩、毒蛇咬伤、误食中毒、户外疾病救助、包扎运送等演练。

(二)户外运动组织计划的制订

1. 户外运动组织计划的内容

高校教师在进行户外运动前,应根据户外运动的不同形式和特点,制订相应的活动计划。户外运动计划一般应包括以下内容:

第一,户外运动的地点。户外运动的地点直接关系到活动的内容,选择活动的地点,首先要收集该地的历史、人文等资料。收集历史资料主要分为两部分:一是当地的历史,二是最近去过该地区的外来人员活动的历史资料。在收集人文资料时,要尊重当地人的风俗习惯,不破坏具有历史人文古迹的建筑和文物,和谐地与当地人沟通相处。分析特殊情况和限制,主要是进行以下方面:此地形适合做什么、此地形自身能做什么、分析风险程度的大小。

第二,户外运动的目标。在进行户外运动前,要有一个明确的目标。因为没有明确目标的户外活动,首先在安全上就存在隐患,其次就是活动本身没有什么乐趣。

第三,户外运动的内容。确定户外运动目标后,就要根据运动目标确定户外运动的相关内容。在安全的原则下,把风险控制在可承受的范围内。尽量安排有意义的户外运动项目,达到户外活动的目标要求,体现户外运动的价值。

第四,户外运动注意事项。在制订户外运动计划时还应注意以下几点事项:认识户外运动和存在的危险,及其防范方法;明确人员身份,选择信誉度高的组织者,选择高水平的向导和教练;树立终身环保的意识,不破坏环境。

2. 制订户外运动组织计划的基本要求

一般来说,整个户外运动计划主要包括行动前准备阶段、行动开始阶段和行动结束后恢复阶段。其中,每个阶段都应有明确的任务和目标。在制订户外运动计划时,要遵循以下几点要求:

第一，熟悉。制订运动计划时，要保持头脑清醒，量力而行，确保每一个环节切实可行，做到心中有数。

第二，周详。考虑好食宿、装备物资、行程安排等一系列问题。

第三，共知。做书面计划，所有参与人员共知认同，有备份方案。

（三）户外运动实施与安全保障

1. 户外运动的组织实施

户外运动的环境复杂，在活动中难免遇到各种各样的困难，甚至会发生一些伤害事故。要想保证户外运动能够顺利地进行，高校教师就要做好户外运动的组织实施。其基本内容如下：

第一，在进行户外运动前，要明确户外运动的目的及任务，保证各项工作可以顺利进行。

第二，对户外运动进行合理的设计与安排。

第三，防范突发事件的措施。

第四，组织实施工作的内容，包括以下基本内容：拟定总体方案，成立工作小组。户外运动的顺利进行离不开工作小组各成员间的团结协作，成立的活动小组能有效地保证户外运动顺利开展。训练活动指挥部：工作内容包括负责活动的指挥与调度、交通、通信、联络等。宣传小组：负责摄影、摄像、文字等资料的收集与整理工作。勘探小组：负责对户外运动区域的路线、地形、动植物、气候等自然条件进行考察与评估。

做好户外运动前的准备工作，具体包括以下几点：

第一，在出发前，领队要明确自己的责任和义务，向队员作自我介绍，明确队员的具体分工。

第二，上车后，再次说明本次活动的起点、途经线路、终点、人文与地理环境及大致的时间安排。

第三，出发前，要集合队伍，清点人数，整理背包，分配公共用品与携带人员，安排队头与队尾人员。

在户外运动结束时，领队应做好以下三个方面的具体工作：

第一，征求与收集队员的意见，及时做好反馈。

第二，撰写活动总结报告，为下一次户外运动积累好的经验。

第三，召开会议，做好活动总结。

2. 户外运动的安全保障

户外运动中，常会发生各种各样的事故，其中最为严重的就是从高处滑落或直接坠落，这对户外运动参与者的伤害非常大。户外运动用绳索主要是由绳皮和绳芯两部分组成，绳皮可以保护核心不被磨损，绳芯主要是由丝丝缕缕的纤维组成的，是主要的受力部分。动力绳主要适用于先锋攀登，静力绳无弹性，不能收缩，主要适用于上方保护的攀登或下降、探洞。绳子长时间不用时要保管好，最好存放在阴凉、干燥的地方，当绳子出现变硬、变软、表皮损坏等现象时，应立即更换。

安全带主要用于在户外攀爬时为人们提供一种保护。大学生进行户外运动，选择的安全带一定要舒适和安全。在选择安全带时要注意以下几点：一是要考虑个人的体型或体重；二是不同的安全带都有自己特定的分配方法；三是长时间未使用的安全带，如果出现保护套起毛或断裂的现象，应及时更换，以免运动过程中发生意外。

在户外活动中，刀具的作用是其他工具都无法替代的，主要包括两种：一种是小刀，可以折叠；另一种是大刀，使用范围很广，适用于砍树、盖棚子、扎筏等。

行军锹的用途很广，在进行户外活动时，它可以用来挖坑、防御动物攻击等。

钳子小巧、重量轻、便于携带，在户外活动时常能派上很大的用场。

在户外运动中，锯是一种搭建庇护所、生篝火、制作木筏的好工具。如果没有组合刀具，可选择携带一条钢丝锯。

铁锁又称为钩环、主锁等，是户外活动中用途最广、不可缺少的基本装备之一。在户外运动攀登过程中，铁锁可以代替绳结，承受力大，使用起来十分方便。缺点是较沉，不方便大量携带。

快挂是用扁带将两个铁锁连接起来的一种攀登用器材。在攀登的过程中，使用者需要快速、便捷地连接绳索和保护点，而快挂的作用就在于此。

头部是人体的重要部位，为了防止在户外运动中头部受到伤害，应携带专业的头盔。目前市场上的头盔主要有轻质头盔、硬质头盔和混合式头盔。轻质头盔的内层是聚丙烯，外部为塑料构成的外壳，主要用于攀岩等活动；硬质头盔主要用于探洞、溯溪、登山等活动；混合式头盔的内层为聚丙烯或者海绵，应用范围十分广泛。

下降器和上升器。下降器：在保护和下降过程中，当被保护者脱落时造成自己需要下降时，使用者可以通过以较小的力来消减较大的力。保护器被广泛地用在登山、攀岩等活动中。人坠落时产生的冲击是非常大的，直接用手握紧绳索很难制动，而且可能会伤及手掌，甚至使两人同时滑坠。上升器：上升器是攀登雪山、攀岩时常用的技术装备，主要作用是协助使用者向上运动，使用者在攀登过程中可以得到助力和保护。登山者在通过危险、陡峭地区时，上升器是重要的自我保护装备。它和绳索、安全带等器材构成了一个保护系统。

在户外运动时，常会遇到一些突发状况，甚至出现危害生命安全的情况，这时就需要运动参与者运用信号工具来告知他人。户外运动中常用的信号工具主要有以下几种：信号枪发出的信号弹能很好地引起周围人的注意，从而使运动参与者获得解救；气球的颜色鲜艳，携带方便，不仅可以用于发出信号，还可以用来保存怕潮湿的物品；反光镜，小型的化妆镜、汽车后视镜等都可以很好地反射光线，向过往的飞机发出求救信号。

第二节　徒步穿越与野外生存

一、徒步穿越概述与技能

（一）徒步穿越概述

1. 徒步穿越的定义

徒步穿越是一项健康的户外运动项目，也是一项体能和技能、体力和心理相结合的运动，它能教会大学生如何在大自然中把握自己的行动，给人以惊险刺激的人生体验。

2. 徒步穿越的分类

（1）山地穿越

山地穿越是徒步穿越中最常见的一种形式，走原始森林，过独木桥索道，看山泉瀑布，可尽情领略大自然的千姿百态，体会徒步穿越的意义。

（2）雪城穿越

雪城穿越可领略雪城冰川的绮丽纯粹之美，同时还能锻炼人体抵御寒冷恶劣的自然环境的能力。

（3）沙漠穿越

沙漠穿越可以领略大漠的奇伟苍凉之美，同时，由于沙漠环境相对恶劣，因此行走前一定要在当地了解好情况。

3. 徒步穿越的价值和意义

中国自古就有"动则无疾"的观点，认为运动可以降低患病的概率。徒步穿越主要在草原、冰川、沙漠、荒原等自然环境中进行，是一种类似于探险的体育活动。因为徒步穿越需要灵活运用肢体，所以能够有效提高参与者的身体素养，包括速度、耐力、灵敏度、肢体协调度等，一方面可以锻炼身体，另一方面也可以感受魅力的自然风光，能够吸引更多普通人积极参与体育活动。

我国的哲学体系中经常出现"天人合一"的观念，也就是人、自然、宇宙合为一体，实现人与物的真正统一。徒步穿越不仅是对大自然的挑战，也是对自身生理和心理的挑战，能够实现人与自身、与他人、与自然的和谐，这正是对"天人合一"这一观点的诠释。

（1）放松心情、修身养性

徒步运动需要在户外进行，能够将现代人从高耸的钢筋大楼中解放出来，放下繁重的工作，放慢生活的节奏，沉浸于大自然的魅力中，感受自然环境带来的轻松舒适。身处大自然之中，人们可以品味自然风光，呼吸清新的空气，真正放松身心。有些人甚至还可以感悟哲学道理，实现人生境界的升华。

（2）磨炼心智、培养个性

野外环境地形复杂、天气变化快、生存资源有限，而徒步运动要求参与者携带重达几十斤的背包，还要翻山越岭、蹚水过河，直面恶劣的环境和内心的脆弱，同时锻炼生理和心理素质。

（3）学会团队协作，提高人际交往能力

徒步运动往往是由多人组队完成的，因此，也提供了一个人际交往的机会，让参与者在心情愉悦的状态下，积极地与他人交流，互相分享彼此的感受，拉近人与人之间的距离。此外，野外徒步也对参与者的逻辑分析能力有一定的考验，能够锻炼应变能力。

（4）有一定的教育意义

在学校教育体系中，徒步穿越可以作为体育教学的重要项目。徒步运动与传统体育教学有较大的区别，兼具科学性和娱乐性，能够让学生体验到户外健身的乐趣，并学到一些野外生存的知识和技能，非常符合"快乐体育、健康第一"这一教学理念。

（5）推动经济发展

徒步运动正在不断朝着大众化的方向发展，而且仍然保留着挑战性和娱乐性的特点，因此，参与人数也在急速增加。这一状况有利于推动相关用品的生产和当地旅游景区的建设，进一步促进体育经济的发展。

（二）徒步穿越的技能

1. 掌握实用技能

徒步运动不是简单的散步，也不是专业赛事中的竞走运动，而是一种中长距离的体育项目，大多在郊区、乡村、自然景区、野外等地进行。

作为一种全身运动，参与者首先要控制自身的速度，尤其是刚起步时应该保持较慢的速度，然后逐渐提速，才能逐渐适应，以免出现头晕、乏力、心慌等症状。其次，参与者也要保持注意力集中，不要与旁人嬉笑打闹，以免造成不必要的体力消耗，或者无心顾忌前方的路况，进而造成危险。此外，当参与者走在有一定坡度的路上时，需要将身体重心放在前脚掌，并微微向前倾斜身体。如果坡度较大，参与者就应该尽可能地走"之"字形，这样能够更好地保持身体的稳定。

2. 以积极主动地休息为原则

行走时的休息也要讲究方法，一般是长短结合，短多长少。大概平地走 50 分钟，休息 10 分钟；山坡路走 30 分钟，休息 10 分钟。途中暂停休息一般控制在 5～10 分钟，并且不要卸掉背包等装备。以站着休息为主，调整呼吸。休息时和出发前做些轻微的屈伸运动，帮助身体活动。长时间的休息以每 60～90 分钟一次为好。长时间的休息要卸下背包等所有负重装备，先站着休息 2～3 分钟才能坐下。不要一停下来就坐着休息，这样会加重心脏负担。

3. 及时合理地补充水分

徒步行走时应带足饮用水，每人每天 3 升的量，根据天气的情况去增减，宁多勿少。一般情况下，先用少量水涂抹嘴唇，等 3～5 分钟后，嘴唇不发麻发痒、无臭无味才可饮用。喝水要以量少次多为原则。喝水也是主动的，不要等口渴了再喝水。一般的徒步等户外运动消耗的水分的补充方法以每次 250 毫升为好。当尿液呈暗黄色、口内干燥、口渴，脉搏跳速加快可以判断为中度脱水。重度脱水表现为无尿液、脸色皮肤苍白、呼吸急促。

4. 不同地形的穿越原则

（1）山地穿越

在山地中行进，为避免迷失方向、节省体力、加快行进速度，应掌握有道路不穿林翻山、有大路不走小路、走高不走低的原则。上坡时身体重心前移，必要时可手脚并用。草坡是山地间分布最普遍的一种地形。攀登 30 度以下的山坡可沿直线上升；当坡度大于 30 度时，沿直线攀登就比较困难了，因此，一般均采取"之"字形上升法，即按照"之"字形路线前进。通过草坡时，注意不要乱抓树木和攀引草蔓，以免拔断后摔倒。这样，就可设法在滑行中寻找攀引和支撑物。千万不要面朝外坐，因为那样不但会滑得更快，而且在较陡的斜坡上还容易翻滚。

雨季在山地行进，应尽量避开低洼地，如沟谷、河溪等，以防山洪和塌方。大树常常引来落地雷，使人遭到雷击。在山地如遇风雪、浓雾、强风等恶劣天气，应停止行进，躲避在山脚下或山洞里，待气候好转时再走。不要走到累了才休息，那样不容易恢复体力。

（2）沙漠穿越

在沙漠中行进，一定要按照设计好的路线前进，确保行进方向正确。另外，在沙漠行走不要怕走弯路。在沙漠中会遇到许多大的沙丘或沙山，一定要绕过去，切忌直越陡坡。要避开背风面松软的沙地，尽量在迎风面的沙脊上行走，因为迎风面受风蚀作用，被压得很实，比较硬，在上面行走比较容易，也省力气。沙漠探险中，在前面带路的人很重要，要能找出好走的路，并且采用慢行、每小时休息10分钟的方法。"夜行晓宿"是沙漠行走的要诀，不利的是，可能会错过水源和有人居住的地方。在阳光的直接照射下，即使不运动，所消耗的水分也是阴影下的3倍。另外，在炎热、缺水、干渴、焦虑的情况下，千万不要被海市蜃楼所迷惑。因为一个人进行沙漠探险是很危险的，所以沙漠探险多数情况下是团队行为。

（3）丛林、灌木丛穿越

在丛林中行进，要注意的是防蚊虫、毒蛇等的叮咬，并扎紧裤腿、袖口、领口，戴上手套。为防止毒蛇袭击，行进中应手持木棍，"打草惊蛇"。另外，丛林中植物紧密，人无法通行时，可用砍刀开路，同时要注意猎人设置的陷阱，遇到路中间突然有散盖的乱草和树叶，或是路边突然有不自然弯下的树干和竹枝时，要注意可能是捕兽的铁夹子或吊索。

二、野外生存运动

（一）野外生存运动的起源

自20世纪80年代起，我国的各种户外登山探险活动进入了一个新的发展时期。在此期间，兴起了广泛的、健康的户外活动和自助旅游。我国的探险组织分国家官办、民间社团、大学社团三类。目前，活动开展得最好的是西藏登山协会，其次是中国探险家协会。如今，围绕着生存能力、心理素质培训、拓展、意志训练等目的的训练课程有很多。这些训练的精髓部分都离不开心理素质、生存能力、团队协作的核心内容。

（二）野外生存的特点

野外生存是一项别具特色的运动。运动的方式是多种多样的，人们通常选择跑步、游泳、打球、做操等"常规"活动。户外运动应由参加者自行准备、背运营具和各类物质，长途跋涉，安营扎寨，这对人们的体力无疑是一种特别的挑战和考验，因而对身体的锻炼是极富意义的。

野外生存可以使人回归自然、增长知识、陶冶情操。尽管人们正着力改造工作环境、学习环境和生活环境，以便获得良好的生活空间，但是这个空间毕竟是有限的，因而"回归自然"已成为当今世界的一种潮流。

野外生存是一项挑战自我、提高生存本领的活动。假如我们远离城市，在大自然中生活，就有可能会手足无措，甚至出现生存危机。倘若我们具有一定的野营知识和亲身经历，就能在实践中战胜自我，提高生存本领和能力。

野外生存是一项集体活动，能培养人们的集体主义精神和团队精神。学校通过设置户外生存体育课，能使学生掌握野外生存的基础知识、理论，发展他们观察周围环境的能力。

（三）野外生存的技能

野外生存是指人在住宿无着的山野丛林中求生的方式。随着社会的发展，高校已经开始有意识地培养学生的生存能力。以不同的方式实现体育教学大纲所提出的大学生身体素质发展目标。野外生存这门课程，内容以教育性、层次性、理论联系实际为原则，具有一定深度、难度。

（四）做好野外生存体验的准备工作

旅行前应有一个完善的计划，制订一个计划要考虑到旅行的地点、团队人数、旅行时间等因素。考虑得越仔细，计划得越周全，旅行中遭遇的意外事件就越少。出发之前的准备工作非常重要，路线和行程计划、基本装备、野营装备、食物、气候环境、急救措施等诸多因素都要考虑周全，要尽可能想象在野外将会面临的各种境况，以便准备相应的技能和装备，保证野外生活的安全。所以，如何装备自己在很大程度上决定了露营活动的成败。

确定行动目的及意义：出发行动前，可以先确定一个集体或一个人大致的目的及意义，即出游的基本动机。我们不一定要明确太多的目的，大致如休闲的、地理考察的、风光摄影的、民族风情考察的、体质锻炼的、加强友谊的目的都可以。一些带有不良情绪的人，有可能是整个集体中一种不稳定或有影响整体行动的因素。

思想准备工作：出发前要充分做好思想准备工作。应尽可能地想象各种将会面临的境地，确认自己能胜任计划中所安排的一切，并使身心保持健康愉快。在外出旅行探险时，统一全体人员的思想及认识是一件很重要的事，否则将是一盘散沙。所以，户外生存运动不仅要求人吃苦耐劳，还要有面对各种困境、险境，甚至流血、病痛、受伤的思想准备，同时还要认识到各种突变的问题和麻烦。因此，我们要根据所去地的实际情况，作出相应的思想准备。

体力准备：凡是要参加户外活动，体力上的准备不可缺少。户外活动的体力准备是多方面的，其中最主要的是耐力和力量两项身体素质的锻炼。

第三节　山地户外运动与冰水户外运动

一、登山运动

（一）登山运动的产生与发展

现代登山运动诞生于18世纪欧洲西部的阿尔卑斯山区。法国科学家德·索修尔在考察阿尔卑斯山区时，对其主峰勃朗峰巨大的冰川和高山植物产生了浓厚的兴趣，并重奖悬赏登顶者。1786年，乡村医生巴卡罗揭榜，他与当地石匠巴尔玛结伴，于当年8月8日成功登上了勃朗峰的顶峰。因此，1786年被定为现代登山运动的"诞生年"，德·索修尔被称为"现代登山运动的创始人"。

现代登山运动诞生后，阿尔卑斯山区的登山运动发展极为迅速。1857年，世界上第一个国家性的登山组织——英国登山俱乐部成立。各国运动员不断研制和改进登山装备和工具，不断通过从未有人攀登过的、更为难攀的、更为艰险的路线去攀登世界上所有的高峰。从1950年至1964年，包括珠穆朗玛峰在内的地球上14座海拔在8000米以上的高峰已全部被人类征服。

（二）登山运动的锻炼价值

登山是我们亲近大自然的体育项目，作为一项户外运动，它为人们提供了重塑人际关系、释放自身创造力和尽情享受自然风光的机会。它能帮助人们抛开都市的喧嚣和烦恼，获得身心极度舒展的愉快。目前，登山与攀岩已成为世界各地人们休闲度假最喜欢的活动之一。经常登山能锻炼体魄，提高对自然环境的适应能力，陶冶性情、净化灵魂，培养团结协作的精神。它是那些追求刺激、挑战、冒险的人们最好的休闲活动。人们在登山过程中可以体会奋斗的快乐、领悟人生的真谛、培养顽强的拼搏精神。对部分登山爱好者而言，登山还能为他们提供目的感和挑战感，尤其是在登上一般人难以攀爬的山峰后，能够体会到难以言喻的心情。

(三)登山装备

登山装备是指登山过程中为顺利完成登山活动所需的装置和设备,是直接与登山活动相关的基本装备。登山装备要适应登山运动的环境条件,在设计、选材、用料制作上要尽量使用轻便易携、坚固耐用、便于拆卸、能一物多用并能保暖防水的装备。按登山装备使用范围的不同可分为以下几类:

1. 个人装备

个人装备是指登山运动员必备的服装及防护用具。竞技登山的个人装备包括登山帽、岩石鞋和普通登山鞋等,探险登山的个人装备还需要有御寒服装、风雨衣、高山靴、手套、帆布背囊、防护眼镜、手电筒等。

2. 技术装备

技术装备是指攀登时需使用的器材,主要包括登山绳、登山铁锁、登山安全吊带、挂梯、升降器、冰镐、冰爪、雪用飘带、钢锥等。

3. 宿营装备

宿营装备主要包括帐篷、睡袋、食品、炊具及燃料等。

4. 保障装备

保障装备是为了应对各种意外情况和其他目的而备用的一些器材用具,如氧气装备、通信器材、摄影器材、自卫武器、交通工具、观察仪器、医药救护器材等。

二、攀岩

(一)攀岩运动概述

攀岩是参与者在不借助外力的情况下,依靠自己手脚的力量和身体的平衡来克服自身重力,攀登陡峭岩壁的一项新兴体育运动。攀岩运动的起源要追溯到18世纪末期的"阿尔卑斯运动"。在20世纪50年代,攀岩才真正以体育运动项目的身份在欧洲出现。世界攀岩比赛中主要分为"速度"和"难度"两大流派。早期的攀岩比赛形式是结组攀登,以速度为主;随后,发展到以个人速度赛为主,采用上方保护。1989年,首届世界杯攀岩分站赛分别在法国、英国、西班牙、意大利、保加利亚和苏联举行。在亚洲,攀岩运动开展较晚。1991年1月,"亚洲竞技攀岩联合会"在中国香港成立,标志着亚洲攀岩运动进入了一个新的阶段。1987年,我国举办了第1届全国攀岩比赛,并一直延续至今,这项比赛也吸引了众多攀登爱好者的参加,对我国攀岩运动的普及和发展形成了一定的声势和影响。最近几年,攀岩运动的发展在我国已经形成了一定规模,一些高校也纷纷开设了攀岩运动课程,吸引着越来越多的青少年参与其中。

(二)攀岩运动基础技术分析

手部动作:在攀岩运动中,手部技术是参与者抓住支点、维持身体平衡的关键,手臂力量的大小也会对攀岩运动的质量和成绩产生较为直接的影响。特别是在初学阶段,参与者很难对下肢力量进行有效的利用,这就使得手部技术的作用变得更加重要。手部技术要点主要包括以下几点:

第一,开掘。当支点的边缘或某些点的小角可以为手指第二关节提供支撑时,其整个手部就可以靠在岩面上。

第二,紧握。紧握是攀岩运动中常用的一项手部技术。参与者应将四指并拢,并将拇指搭在食指上。

第三,半紧握。此方法的抓点方式与紧握相似,只是拇指并未压在四指上,同样只有第一指关节受力。

第四,抓握。这种方法与开握抓法相似,但通常需要拇指协同发力。

第五,侧拉。此方法是由四指侧向拉住支点,大拇指压在支点的边上来进行固定。

第六,捏握。捏抛时,大拇指捏的方向与手指的方向是相对的。

第七,侧握。侧握时,拇指是基本不发力的。

第八,反扣。支点的可抓握方向朝下或与身体移动方向相反。

第九,手腕扣点。在遇到大支点时,可以通过弯曲手指进行曲握支撑来放松前臂。但是,它可以把臂的力量转移到骨头上,所以这种手腕的弯曲动作是很好的休息姿势。

第十,抓点。在攀岩过程中,会遇到很多向外或向下的柱状支点,这时就可以使用抓点的方法来进行固定,使整个手掌充分与支点接触。

第十一，手掌按点。在面对一些较大的圆形点时，需要使用整个手掌的摩擦力才能按住支点。

前臂勾点。通常在遇到一些非常大的支点时会使用前臂勾点技术，通过用肘关节夹住支点，依靠大臂的力量来控制身体。

脚部动作。在攀岩运动中，脚部的支撑和攀爬动作是完成90度以内岩石攀叠的主要保障。脚步动作要点主要包括：第一，正踩、侧踩。在进行踩点时，要注意踩点的面积并不是越大越好，而是尽可能地寻找可发力的部位，具体来说形式主要有以下三种。正踩是通过鞋尖内侧边进行踩点，在做正踩动作时应尽量抬高脚跟以增加对支点的压力；侧踩是通过攀岩鞋的前脚掌外侧边四趾部位进行踩点；鞋前点踩是使用攀岩鞋的正前方部位踩点。第二，摩擦点。这一动作在身体悬空时非常适用，它是通过将鞋底的大部分压在岩面上尽可能地去产生摩擦力。踩点时脚跟要向下倾，尽量增加攀岩鞋与支点的接触面积，以达到增加摩擦力的目的，使踩点时更加牢固。由此可以看出，这个动作对于身体悬空时特别适用。第三，脚后跟钩。脚后跟钩是指用脚后跟部位钩住支点。第四，叉脚。当一只脚踩踏支点时，另一只脚从身体内侧或外侧交叉穿过踩踏线路中的下一支点。第五，顶膝动作。顶膝动作是一个很好的休息动作，是用脚部踩住支点的同时，用膝部顶住另一个支点。

三、定向越野

（一）定向越野器材

1. 地图

地图是定向越野最重要的器材之一。它的质量好坏直接关系到比赛过程是否安全、结果是否公正。为了方便使用者比较、辨别地面的障碍程度，保持地图在越野中的清晰易读，定向地图应尽可能多地表示出各种地物和地貌的特征，特别是在有植被的情况下，应使用较多的鲜艳色彩来表现图中的内容。

比赛路线：由赛事组织者印刷或手绘在地图上，与比赛地图一起发给比赛人员使用。

地图比例尺：比例尺是地图上最重要的参数之一，要想学会、识别、使用地图，就应该懂得比例尺。

地图符号：地图符号是获取当地地形信号的唯一来源，因此，完整、准确地识别符号是正确使用地图的前提。

2. 指北针

指北针用于越野中辨别和保持方向，是定向越野可借助的唯一合法器材。指北针的红色指针永远指向北方，要使红色指针永远与地图上标明北方的红色箭头或地图顶部红色横线保持方向一致，这样就不会迷失方向，知道自己身在何处。

3. 电子指卡和打印机

为了证明每个人找到并到访了各个检查点，赛前组织者每人发一个基于电子点鉴系统的成绩验证装置——电子指卡。越野人员使用它时，把手指往点鉴器的打卡区域轻轻一靠，听到"哔哔"声或看到打卡器上的红灯闪烁，便可确信到访及到访时间已被记录，然后通过便携式热敏打印机，就可以在越野人员到达终点后立即打印出到达各个点标的时间、点与点之间的用时以及跑完全程的用时。

（二）定向越野的分类

定向越野按运动工具的不同可分为两种。

徒步走向：如传统定向越野跑、接力定向、积分定向、夜间定向、五日定向、校园定向、公园定向等。

工具定向：如滑雪定向、山地自行车定向、摩托车定向等。

定向越野按性别的不同可分为男子组和女子组，按年龄的不同可分为少年组、青年组和老年组，按技术水平的不同可分为精英组、高级组和初级组（体验组和家庭组），按参加人数的不同可分为个人单项、个人双项以及集体项。

四、冰水户外运动

（一）滑雪

1. 滑雪运动概述

近年来，滑雪运动受到广大滑雪爱好者的喜爱和追捧，是由滑雪者手持滑雪杖、脚踏滑雪板在雪面上滑行的一种运动。在许多国家，滑雪运动都已经成为最受欢迎的休闲、竞技运动项目之一。滑雪运动在世界各地获得迅速发展，尤其是现代竞技滑雪运动。目前，世界上比较正规的滑雪运动比赛项目主要有高山滑雪、冬季两项滑雪、越野滑雪、雪上滑板滑雪和自由式滑雪等，各大项目又细分为众多小项。高山滑雪具有惊险、优美、动感强、魅力大等特点，因此，被视为滑雪运动的精华和象征，是休闲滑雪的首选和主体项目。在越野滑雪中，超短板、单板滑雪比高山滑雪更具有刺激性，对技术的灵活性要求更高。滑雪运动要求在滑动过程中对技术进行合理操纵，重心不易控制。因此，在参与滑雪运动的初期，运动者应在专业人员的指导下进行练习。

2. 滑雪运动技术

越野滑雪自由技术：在越野滑雪运动发展过程中，20世纪80年代是一个分水岭。20世纪80年代前，世界各国越野滑雪运动员均使用现在"传统技术"的各种滑法。1988年，第15届冬季奥林匹克运动会在加拿大卡尔加里举行。国际雪联明确规定：在以后的越野滑雪比赛中，分列为"传统技术项目"和"自由技术项目"两种比赛。蹬冰式滑行是指运动员在平地或缓下坡地段按速度滑冰方法蹬动与滑进，双手虽持杖但不使用，只是配合腿部动作而摆动，较适合在平地及缓坡，当滑行速度达到15～8米/秒以上时运用。蹬冰式滑行技术主要分为一步一撑蹬冰式滑行和两步一撑蹬冰式滑行两种类型。

一步一撑蹬冰式滑行：双杖推撑的同时，右脚蹬动并移重心至左板，左脚向前滑进，右脚蹬动后向左板靠拢，自由滑进的左脚再蹬动，同时开始撑杖。

两步一撑蹬冰式滑行：右板向前滑进并利用内刃进行有效的蹬动，接着将重心移到左侧板上并承担体重向前滑行，同时两侧杖推撑，但左侧杖的推撑力要大于右侧杖。

单蹬式滑行：用右腿滑板内刃向侧用力蹬动，两杖同时向后推撑，蹬动结束后重心移向左侧板片承担体重向前滑进，与此同时，双杖前摆。

转弯滑行：身体向弯道圆心侧倾倒，内侧板沿弯道切线方向滑进，并时刻调整方向，勿远离圆心。

3. 滑雪器材的选择与应用

滑雪运动常用的器材主要有以下四种：

滑雪板。滑雪运动所用滑雪板是由多层结构构成的，主要包括弹性板材、抗扭力盒型结构、板芯、玻璃纤维复合材料、高分子底板、边刃等。

滑雪杖。运动者在选择滑雪杖时，一般应以本人手臂下垂后肘部离地面的高度为宜。

滑雪靴。滑雪靴主要由内部和外部两个部分构成，外壳坚硬不易变形，内层由化纤物和保暖物构成。

固定器。固定器是联接滑雪板和滑雪靴的重要部件，对滑雪者的安全起着重要的作用。

（二）滑冰运动

1. 滑冰运动概述

关于滑冰运动的最早记载出现在936年，它与人类的生活和生存活动有着密切的关系。1572年，英格兰的一名铁匠制成了第一副有锋利内刃、外刃和前端刀尖弯曲的全铁式冰刀，该冰刀的出现标志着现代滑冰运动的开始。

速度滑冰是指在规定距离内以竞速为目的的滑冰比赛，是冰上运动的源头。速度滑冰具有悠久的历史。我国的《宋史》中记载：皇帝"幸后苑，观冰嬉"。[1]根据乾隆年间出版的《帝京岁时纪胜》书中描述："冰上滑擦者所著之履，皆有铁齿。流行冰上，如星驰电掣，争先夺标取胜。"[2]这项运动即现在的速度滑冰比赛。现代速度滑冰运动是在13世纪的荷兰逐渐发展起来的。1676年，最早的速滑比赛在荷兰的运河上举行。1742年，第一个滑冰组织——爱丁堡俱乐部在英格兰创立，这使速滑比赛有了竞赛组织，开始有序地进行竞赛活动。

2. 滑冰运动的竞赛规则

滑冰运动的竞赛规则主要包括以下几点：

第一，滑冰比赛均为逆时针滑跑，即跑道的内侧在运动员的左边。

---

[1] 陈振. 宋史 [M]. 上海：上海人民出版社，2020.
[2] 潘荣陛. 帝京岁时纪胜 [M]. 北京：北京古籍出版社，1981.

第二，无论何时都允许超越。

第三，运动员以冰刀的刀尖触及终点线时即为完成比赛距离。

第四，运动员被扣一圈时可以继续比赛，但应在跑道外侧滑跑，不能妨碍其他运动员。

第五，违反滑冰运动竞赛规则包括横切——在跑道上不合理地穿越滑行，附挡——故意用身体任何部位妨碍、拦阻或推其他比赛队员，援助——集体滑跑，危险冲刺——比赛期间禁止故意踢出冰刀或将整个身体摔过终点线引起危险。

（三）溯溪

1. 溯溪运动概述

溯溪是由峡谷溪流的下游向上游，克服地形上的各种障碍。溯溪本是登山行进中的技术之一，由峡谷溪流的下游到上游，直至顶峰。在溯溪过程中，溯行者应借助一定的装备和技术，去克服诸如急流险滩、深潭飞海等许多困难，充满挑战性。溯溪活动需要同伴之间的密切配合，利用团队协作精神，去完成艰难的动作，得到克服困难后的自信与成就感，所有的困难和未知都是启发漂流者思考和向上的动力，这就是溯溪的时尚魅力。

2. 溯溪的方式与器材装备

（1）溯溪的方式

初级溯溪是溯溪运动的方式之一，沿着溪谷，逆溯到溪的源头，其行程不受时间限制，路程多少不定，踩着清流碑石缓步走入清幽宁静的溪谷中，不知不觉往上游走去，这就是溯溪的开始。以地形研究为主的溯溪也是溯溪运动的一种方式，需要动员大量人员，长年累月利用假期逐一探测才能完成。完全溯溪就是克服一切岩壁峡峰，穿越无数急流深潭，直至顶峰，然后依山径路线而下。无目的的溯溪具有较强的休闲娱乐性，是目前国内较盛行的溯溪方式。

（2）溯溪的器材装备

由于溯溪属于登山运动的一种，因此也需要登山的器材装备。器材装备包括以下方面：安全头盔——避免落石或跌倒时可能的碰撞；主绳——9～11米，防水；安全带——攀登者穿在身上，由铁锁等与主绳相连；铁锁——用于连接各种绳索、安全带及攀登器械；上升器——用于向上攀登的器械；下降器；水镜——可保护攀登者的眼睛。

在个人装备方面需要准备以下设备：溯溪鞋是用于垂钓的防滑鞋，鞋底摩擦力大；防水衣物主要以轻便、透气性良好为主；护腿；保暖衣物和露宿帐篷。

参考文献

[1] 王永盛，刘喜友，王超.大学体育教育教程[M].天津：南开大学出版社，2014.

[2] 许水生.大学体育理论与实践第2版[M].哈尔滨：哈尔滨工程大学出版社，2018.

[3] 张桂清.大学生体育文化与技能实践[M].北京：人民邮电出版社，2017.

[4] 林顺英.论普通高校体育教育本科专业教学质量保障[M].北京：北京体育大学出版社：中国体育博士文丛，2012.

[5] 马鹏涛.高校体育教学改革创新与科学化训练研究[M].北京：新华出版社，2018.

[6] 孙越鹏，宋丽丹.高校体育教学理论及改革创新研究[M].北京：新华出版社，2018.

[7] 夏青.特色体育及阳光体育研究[M].北京：北京体育大学出版社：中国体育博士文丛，2012.

[8] 杨洪志.首都高校体育改革与发展研究[M].北京：北京体育大学出版社：中国体育博士文丛，2013.

[9] 廖建媚.高校公共体育教学环境研究[M].厦门：厦门大学出版社，2019.

[10] 王海燕.现代体育教学功能实现与创新应用[M].北京：中国书籍出版社，2021.

[11] 王森.浅析高校体育教学新理念的构建[J].科技资讯，2012（17）：194.

[12] 张晓静.新时期高校体育教育新理念探究[J].青少年体育，2021（1）：79-80.

[13] 黎翔宇，万星.高校体育课堂教学评价方法探究[J].冰雪体育创新研究，2020（20）：35-36.

[14] 朱艳梅. 新媒体环境下高校体育教学模式的创新 [J]. 读与写（教育教学刊），2020，17（2）：15.

[15] 宋盛庆. 培养"以人为本"的高校体育新理念 [J]. 赤峰学院学报（自然科学版），2008（7）：142-143.

[16] 黄迎春."以人为本"高校体育教学新理念 [J]. 渤海大学学报（自然科学版），2005（3）：280-282.

[17] 向玉山. 新时期下的高校体育教学创新方法研究 [J]. 青春岁月，2016（19）：79.

[18] 邢伟，黄晨曦. 高校体育教学对培养学生创新能力的新理念 [J]. 苏州市职业大学学报，2001（4）：62-64.

[19] 张晔. 新课程理念下的高校体育课程改革 [J]. 佳木斯教育学院学报，2013（11）：433.

[20] 陈志喜. 高校体育专业课堂教学内容与方法改革的新思路 [J]. 绵阳师范学院学报，2008（11）：152-154.

[21] 童宇飞. 高校体育教学中学生人文精神培养之研究 [D]. 重庆：西南大学，2013.

[22] 张帅. 翻转课堂引入高校体育教学的学理分析、价值透视及实践策略研究 [D]. 徐州：中国矿业大学，2021.

[23] 王娟. 普通高校体育教学改革的理论与实践研究 [D]. 武汉：武汉体育学院，2012.

[24] 谢佳. 人文思想理念融入高校体育教学中的路径方法研究 [D]. 长春：东北师范大学，2011.

[25] 唐爱英. 拓展训练理念下普通高校体育教学模式改革的研究 [D]. 长沙：湖南师范大学，2009.

[26] 祝峰. 多媒体网络教学平台在高校体育教学中的推广策略研究 [D]. 呼和浩特：内蒙古师范大学，2013.

[27] 徐程程. 基于微视频手段下领会教学法在高校篮球普修课教学中的实验研究 [D]. 北京：北京体育大学，2019.

[28] 梁明. 长春市部分普通高校体育教学的现状及对策研究 [D]. 长春：吉林大学，2008.

[29] 尹慧忠. 微课在高校体育教育排球普修课教学中的应用研究 [D]. 济南：山东师范大学，2018.

[30] 薛飞娟. 高校体育教学中微课程设计研究 [D]. 吉首：吉首大学，2015.